IT售前工程师进阶之路

从高质量解决方案编制起步

肖政◎著

清华大学出版社

北京

内 容 简 介

本书首先总结了 IT 项目方案编制常犯的各类错误，接着按照项目发展进程，系统、全面地阐述从市场拓展到交付验收过程中各类方案的编制框架、编制风格和编制重点，方案类型包括市场分析报告、市场营销方案、市场宣传方案、技术解决方案、项目投标文件、项目交付方案、项目交流手册等，最后附上部分方案模板供参考。

本书的编写目的是用来培训和提升作者所带团队成员，因此侧重于实战，案例真实丰富、贴近工作，可随学随用，适用于企业内训、个人继续教育培训，对于有志从事方案编制的 IT 售前工程师及售前管理者具有一定的借鉴和参考价值。

图书在版编目 (CIP) 数据

IT 售前工程师进阶之路：从高质量解决方案编制起步 / 肖政著 . -- 北京：清华大学出版社，2024. 10. -- ISBN 978-7-302-67479-5

Ⅰ . F764

中国国家版本馆 CIP 数据核字第 2024H89555 号

责任编辑：黄　芝　张爱华
封面设计：刘　键
责任校对：郝美丽
责任印制：宋　林

出版发行：清华大学出版社
　　　　　网　　　址：https://www.tup.com.cn，https://www.wqxuetang.com
　　　　　地　　　址：北京清华大学学研大厦 A 座　　　　　邮　　编：100084
　　　　　社 总 机：010-83470000　　　　　　　　　　　邮　　购：010-62786544
　　　　　投稿与读者服务：010-62776969，c-service@tup.tsinghua.edu.cn
　　　　　质 量 反 馈：010-62772015，zhiliang@tup.tsinghua.edu.cn
印 装 者：三河市君旺印务有限公司
经　　销：全国新华书店
开　　本：185mm×260mm　　　　印　　张：13　　　　字　　数：318 千字
版　　次：2024 年 11 月第 1 版　　　印　　次：2024 年 11 月第 1 次印刷
印　　数：1~2500
定　　价：69.80 元

产品编号：101975-01

序 言
FOREWORD

一直以来，我始终有这样的困惑：一个在校学习优异的学生，当他面对就业招聘、面对市场营销、面对软件研发时，会显得毫无对策甚至一筹莫展；程序设计、软件开发的知识他都具备，但在软件的研发中还做不到得心应手；面对所遇到的问题往往束手无策，跟不上研发的脚步，难以用已经学到的程序设计、软件开发的知识去面对软件项目研发中遇到的问题。实际上，在真实软件项目的研发过程中，学生所学的程序设计、软件开发知识只能解决一小部分问题，往往是在别人做了大量铺垫之后，才可运用这些知识去应对软件项目研发中的程序编码问题。软件项目从立项或招投标到项目完成，还需要掌握除程序设计和软件开发以外的知识，这其中就包括立项论证报告、可行性分析报告、技术专利、项目申报方案等的撰写。目前，在高等学校计算机专业的教学中还没有开设这样的一门课程，也没有相关的教材或教学参考书来教授这些知识。本书的出版，填补了这方面的空白，为在高等学校计算机专业开设相关课程奠定了基础。

本书作者在工作实践过程积累了多个不同类型的软件项目的研发经验，特别是在项目立项论证报告、可行性分析报告、技术专利、项目申报方案等撰写方面，积累了大量的实践经验。本书汇聚了丰富的理论智慧，努力践行了作者母校中南大学校训"知行合一、经世致用"和华中科技大学校训"明德厚学、求是创新"的精神，秉承"惟楚有材、于斯为盛"的文化传承，是作者十多年的软件研发经验的结晶。

本书不仅可作为高等学校相关课程的教材或参考书，也可作为软件研发领域工程技术人员编制项目研发的各种方案、报告、招投标文件的参考书。

随着我国经济建设的发展和科学技术的不断进步，软件产业必将得到大发展，相应地对软件研发人员的要求也就越来越高。具备程序设计和软件开发知识是软件研发人员的标配，具有各类报告、技术专利、项目方案等撰写能力，是软件研发人员必备的技能。我相信，本书的出版，对推进高等学校计算机专业的教学改革，使其更适应我国软件产业未来发展的需要具有重要意义，对提升软件研发人员的软件素质和能力具有促进作用。

李 强

国防科技大学电子对抗学院教授，西南交通大学研究员，中国指挥与控制学会荣誉理事

2024 年 9 月

前言
PREFACE

一名优秀的 IT 售前工程师，无论是在工作中还是在生活中都大受欢迎。在实际项目操作中，更是深受市场一线人员特别是销售经理的喜爱。遗憾的是在实际招聘中，能够独立编制出一份合格方案的售前工程师总是一将难求，何谈招聘到优秀的？这一点，相信用人部门、招聘部门深有感触。

以作者为例，在面试售前工程师时，通常会询问应聘者三个问题：

（1）你是如何计划完成一份方案编制任务的？

（2）面对全新领域，无任何材料可参考的情况下，你又打算如何完成方案？

（3）同样的素材，怎么体现出你的方案比你同事的更优秀？

第一个问题，属于常见类问题，大多数回答都能让人比较满意。

第二个和第三个问题最能考验 IT 售前工程师的方案编制能力，也可能是问题偏冷，所以答案五花八门，较少有让人满意的。

基于此，作者总结自身十几年的方案编制经验，在总结过去的同时，希望通过知识的传递与分享，给读者带来一定的启发和帮助。

本书介绍了市场类方案、技术类方案、交付类方案。

（1）市场类方案：包括市场分析报告、市场营销方案、市场宣传方案。其中，市场分析报告包括市场月刊、市场年报，市场宣传方案包括参展方案、宣传画册、产品白皮书、产品一指禅、产品标准规范。

（2）技术类方案：包括技术解决方案、项目投标文件。

（3）交付类方案：包括项目交付方案、项目交流手册。其中，项目交付方案包括产品规划书、产品设计方案、产品测试方案、项目实施方案、项目运营方案，项目交流手册包括销售指导手册、展厅交流手册、售前技术交流手册、售中现场调研手册、售后合作伙伴管理手册。

相信通过阅读本书，并将本书的方法加以实践运用，你就会发现：方案编制简直是手到擒来，面试成功率提高了，就业门槛降低了，在领导面前表现机会更多了……相信一旦拥有了这些，在职场上，你就有可能打开"多赢"的全胜局面。

由于编写时间仓促，以及作者水平有限，书中不足之处在所难免，恳请广大读者批评指正。

作 者

2024 年初于江西·乐安

目 录
CONTENTS

第1章

初识方案

1.1　引言

算法工程师小高，毕业于某名牌大学计算机专业，原本在一家上市公司从事 AI 算法研究，本是衣食无忧，但禁不起高薪诱惑，跳槽到某科技创业公司，担任项目经理一职。

入职后前三个月风和日丽、一片祥和，突然某天小高接到上级领导唐总通知，要求她在三天之内输出一份某智慧园区综合解决方案。

算法工程师出身的小高，精通于计算机视觉、机器学习以及神经网络与深度学习等算法领域，应用软件程序开发也可以一试，唯独面对方案编制手足无措。

对文档编辑类工作，小高一向嗤之以鼻，觉得没有什么技术含量。然而现在工作任务就摆在眼前，又不能不做，面对自己的新岗位，小高陷入了深深的迷茫和自责。对自己当初的选择后悔不迭，甚至对自己的职业发展产生了严重的怀疑。

与大学师兄彭哥一番畅谈之后，小高深刻意识到，工作中编制技术专利、期刊论文其实也是输出方案，只是面向对象不同而已。为了不辜负那些期待的眼神，再苦再难也要坚持，所以提升自身才是王道。

上述的某智慧园区项目，原本是按 500 万元进行初步设计，只做 AI 算法，中途因销售经理要求把项目做大，小高把整体业务规模提升至 1800 万元，额外增加视频监控、大数据平台等建设内容。谁料客户单位出现多个部门争夺资源，导致项目投资直接缩水一半，最终只批复 900 万元，但该项目建设方案里面的内容一个也没落下。原本计划 6 个月干完，项目有利润，员工还能拿项目奖金，后来一年多也没干完，出差成本居高不下，弄不好还得倒贴 100 万元，所以小高不但没拿到项目奖金，反而经常在管理层会议上被领导点名批评，说她没把方案写好。

1.2　方案概述

方案（Solution）是工作和生活中针对具体活动编制的具体材料。在实际项目中，根据方案编制工作量的大小，又可划分为标准化方案和非标准化方案（即定制化方案）。

1. 标准化方案

标准化方案，顾名思义，是通过公司内部多轮评审以及历经市场考验过的方案。售前工程师只需在此基础之上稍作调整，即可为客户输出一份合格的方案。

2. 非标准化方案

随着公司业务的拓展，进入全新的领域、陌生的行业，需要根据项目需求，零基础之上所编制的定制化方案即非标准化方案。

人才市场上，从事方案撰写的 IT 售前工程师薪资待遇范围较广，月薪从几千元到几万元不等，视其方案编制能力而定。

1.3　方案质量等级

方案质量等级大致可分为优秀、合格、基本合格、不合格四等，具体表现如表 1-1 所示。

表 1-1　方案质量等级划分

序号	等级	方 案 内 容	给 人 印 象	根 源 所 在
1	不合格	内容基本是复制和粘贴的	不知道是怎么回事	临时拼凑、敷衍了事，频频出现致命错误、严重错误
2	基本合格	大部分是复制和粘贴的，小部分是重新编制的	知道有这么一回事	普普通通，不时出现一般性错误
3	合格	大部分是复制和粘贴的，小部分是根据真实需求重新编制的	像那么一回事	有一定的特色、亮点，极少出现小错误
4	优秀	基本是根据实际需求重新编制的	就是这么一回事	专业、非常吻合

一名优秀 IT 售前工程师往往具备以下三大特征。

1. 能抄会抄

（1）能抄。

平时非常注重素材的积累，创建有自己特色的方案知识库，并不断维护和更新，所以能在较短时间内快速抄出一份方案。

（2）会抄。

所抄写的方案内容给人印象不像是抄的，反而像是专门为客户量身定制的。

2. 能写会写

（1）能写。

具备一定的创新能力，能根据项目需求写出定制化的方案；同时具有敏锐的市场嗅觉，并能将定制化方案固化成标准化方案进行市场推广，同时能丰富公司级知识库。

（2）会写。

愿意虚心接受他人特别是外行人员所提的修改意见。这一点对于刚毕业的同学会很容易接受，但对行业、公司、产品有一定了解和积累的同学，特别难以接受，因为大多时候他们面对自家不懂技术的销售经理时，会趾高气扬，会觉得自己就是这个行业的专家。

3. 能说会说

（1）能说。

个人形象气质佳、外貌干净、不邋遢，声音洪亮、表达能力强，逻辑思维好，语言诙谐幽默。

（2）会说。

光能写出合格的方案还不够，关键还要能讲出来，更要讲透讲明白，让自己相信、更让客户相信这个方案就是该这么来的。

1.4 方案错误

在方案编制过程中，再优秀的售前工程师难免都会犯错。比不犯错更难的是愿意接受错误、纠正错误。从严重程度上错误可分为致命性错误、严重性错误、一般性错误、轻微性错误四类，其中投标文件常犯错误另见表6-6。

（1）常犯致命性错误如表1-2所示。

表 1-2 常犯致命性错误

序号	错误类型	错误类型详细描述
1	工作无态度	方案编制完成就行，写完就扔给领导审核或直接发给客户，从无自我检查环节。常见于初级售前工程师，还会吐槽项目成功与否不取决于方案
2	编制无目的	从未考量通过方案达到具体目标，客户要就给、不要就不给，从未挖掘项目背后的故事，常见于创业初期公司团队。大量项目信息仅集中掌握在领导一人手里，又因各种原因未能及时分享给售前工程师
3	编制无计划	平时不做好计划和准备，经常临时接到上级/客户通知，突击加班到凌晨三四点，把方案拼凑出来，当天上午八九点急急忙忙打印呈送给客户。且不说方案质量高低，演讲方案时的效果肯定是要大打折扣的。因为能讲清方案的人一般是写方案的人，加班到凌晨三四点，蓬头垢面的形象本就丢分，关键是头脑昏沉，正常的思维都是混乱的。作者曾负责某项目时，临时接到任务，次日去向国家某部委汇报项目，即使作者在长期跟踪、熟悉该项目的有利环境下，作者当晚还是编制PPT方案到十二点、背稿子到凌晨三点，当天汇报有惊无险地通过。而当时汇报现场很多同学是手持打印稿或手抄稿在念，他们所负责的项目评审结果可想而知
4	内容无特色	方案内容平平淡淡，无自我思想，没有突出的亮点或特点，无吸引人之处，常见于集成类项目
5	评审无组织	从未组织过内部讨论、内部评审，客户一看方案时发现错误内容一大把，常见于单兵作战
6	版本无备份	有些材料写了又删，删了又写，未做版本备份，现在突然又要旧版本，导致之前的工作白做，造成典型的重复性劳动、浪费宝贵的人力资源的同时耽误方案进度

（2）常犯严重性错误如表1-3所示。

表 1-3　常犯严重性错误

序号	错误类型	错误类型详细描述
1	受众 不分对象	客户也分外部客户和内部客户，在写法上是有所区分和侧重的。对内部客户来说，本质上是什么就是什么，无须换一种方式委婉表达，容易引起误解。有的外部方案如请示报告不能带公司 Logo，且文案风格必须按照政府公文格式来，例如标题格式采用黑体一号
2	需求分析 不真实	（1）没有从客户角度出发来分析，纯粹按自己以为的来。未与客户进行任何沟通、确认，基础信息来源于过往积累的经验或者干脆闭门造车，而非项目现场真实情况的反映。 （2）没有调研，没有客户反馈的真实数据，也没有引用行业权威数据，计算公式输入数据全部靠拍脑门，完全经不起推敲考证，贴近不了最真实的数据，最终也给不了客户信任感
3	技术路线 不切实际	（1）脱离项目实际情况，方案内容超前不现实。例如产品还处在研发阶段，非技术原因，很有可能会受到政策影响，最后项目落不了地。 （2）脱离公司实际情况。脱离了公司实力、产品实力、研发实力等，写了一堆虚的，将来项目无法交付，常见于招投标时强行应标的方案
4	内容 不完整	（1）报价时少报 / 漏报模块。例如漏报服务费、辅材等，无形提高项目成本，常见于内容改动较大的方案。 （2）重要模块缺失。例如信息系统无安全设计模块，无法构成完整的解决方案，常见于未做调研的项目
5	内容 不正确	（1）客户名称错误，常见于大段内容的复制。 （2）核心内容错误，常见于架构图、流程图（数据流、业务流）错误，粗看很专业细看很业余。 （3）报价错误，常见于数量不对、规格型号不对。 （4）常识性的错误，常见于数据偏离严重、不合理
		内容不合时宜。虽说有很多共同内容，但本质是 2 份不同的方案，图省事、图方便，便一股脑全杂糅在一份方案之中。还有些内容，例如与竞争对手的描述，只可意会不可言传，不能置于台面上说，不能书面上表达
6	内容 不一致	前后说法不一致。 （1）同一个产品，在同一份方案中不同板块（如系统架构、建设内容、报价清单等）拥有多个不同名字。 （2）同一个建设目标，结果不一致。篇首的建设目标是节约 600 万元，篇尾的预期建设成效却是节约 800 万元，常见于复制不同时期内容。 （3）建设内容、建设目标、报价清单等图文内容不一致，常见于多模块多个人编制时。 （4）图文描述内容不一致，常见于系统架构图、网络拓扑图、业务流程图等。 （5）系统架构图中应用层内容和支撑层的内容互不关联。例如应用层有权限管理系统，支撑层却无相应的权限认证服务
		文不对题即正文内容与标题内容不一致。例如业务设计描述成了业务需求，业务需求分析内容描述成了业务建设目标

序号	错误类型	错误类型详细描述
7	内容不专业	（1）非擅长领域，则写得简单，描述得不够专业，难以让客户信服。以"网络建设带宽需求"为例，没有根据业务性质展开描述，也未考虑视频流带宽、实时性需求，以及带宽的冗余设计。此种情况，我们首先可以学习，学不来可以模仿，最后可以找合作供应商一起来写。 （2）内容虽说是自己写的，实际上对内容不熟悉、不清楚，答疑时解释不清。 （3）内容出现明显错误。例如智能设备和传统设备一样，同样配套智能改造终端设备，常见于报价表中所犯的低级错误
8	内容不严谨	内容不规范。 （1）设备命名不规范。例如明明只是一台设备，取名为网格不合适，叫网格设备倒是可以的。 （2）软件命名不规范，不是同一层级的并列在一起，常见同一层级内容混合有云、平台、系统、软件、模块等名称。 （3）应用对象不规范，不是同一层级的并列在一起，例如网络人员、坐席、指挥中心。指挥中心不是具体人员，而是机构，包括坐席人员在内，同时又可指挥调度网络人员。 （4）名称不规范，没有按照客户内部惯例称呼（例如车站）来写，而是按自己通常的理解（站点）来定义。 （5）标识不规范。例如某设备要求通过有线连交换机，而在网络拓扑图中用无线图连接
		层次不分。 （1）所有内容一把抓，杂糅在一起，主次层级不清晰，逻辑混乱。而应分类分段，紧紧围绕一个主题分开写，如点、线、面。 （2）网络图或流程图过于庞大复杂时，未进一步细化通过单独画子图来清晰表达

（3）常犯一般性错误如表1-4所示。

表1-4 常犯一般性错误

序号	错误类型	错误类型详细描述
1	整体方案粗糙单薄	几百万元甚至上千万元的项目，未分层级扩展，核心建设内容显得太单薄，无法让客户信服，反而边缘内容如项目概述、需求描述内容过于丰富，常见于跨行业、跨领域项目技术解决方案。要知道我们给客户看的是方案，不是每次都有机会给客户陈述解释的
2	概念陈旧混乱	复制、粘贴旧素材、大量技术概念老旧落伍。 （1）需求、设计、功能混淆，似是而非。例如系统下包括云，其实云的概念层级应该是要高于系统的，常见于带云字的系统软件项目中。 （2）概念混淆。例如信息化系统项目中的外部接口，一般指的是软件的外部接口，而非网络配线架上的硬件接口
3	内容滥竽充数	不是系统或平台所管控的内容，也都填写进去，常见于大型集成化项目或招投标对方案厚度有要求时

续表

序号	错误类型	错误类型详细描述
4	内容 不清楚	（1）图例不清楚。例如示意图线路太乱，让人看不懂。 （2）概念不清楚。例如分级是什么？为什么要分级？分级有什么好处？只是简简单单从功能、技术层面来写，没有站在客户角度、多个维度来细化表述出来。在什么地方分级？具体怎么实现的？在覆盖全部内容的前提下，要把来龙去脉讲清楚，并尽可能地扩展开来。 （3）描述不清楚。例如需要6个摄像头，未说明这6个摄像头的类型、部署位置及作用分别是什么。 （4）接口描述不清楚。例如未描述数据交换的内容、方式、所依托的网络要求等。 （5）设备描述不清楚。例如既有设备情况，具体有哪些设备、设备数量和所需增加设备情况介绍不清楚
5	内容 不规范	（1）先有需求分析再有设计，然而方案是有设计却无需求分析模块。常见于简洁版方案。 （2）内容描述不规范，如段落未有概括性描述。 （3）写法不规范，章节之间、段落之间无过渡句、引出句，内容显得有些突兀。 （4）描述时无意缩减产品功能或软件应用范围。 （5）联系方式不规范。例如售后服务联系方式留的不是公司的，而是留了个人姓名、手机号等信息

（4）常犯轻微性错误如表1-5所示。

表1-5　常犯轻微性错误

序号	错误类型	错误类型详细描述
1	格式不统一	不同字体、中英文逗号分号等混合使用
2	错别字	有少量错别字
3	阅读不方便	画图工具默认字体展现形式（如泳道图）不便客户查看时，未作后期人性化的调整处理
4	描述口语化	书面表达口语化，内容描述不够准确
5	内容杂糅交错	不同板块内容混杂在一起。例如将报价和方案正文进行混合，未分开，修改时全要改，而实际可能只修改了其中部分内容

1.5　如何写好方案

为数不少的售前工程师是从研发、售后转岗过来的，他们擅长技术，短时间内攻克技术难题可以做到游刃有余。从事新岗位，对他们来说不缺学习能力，缺的只是经验和技巧。

1.5.1　方案编制步骤

方案编制步骤依次有准备阶段、调研阶段、架构阶段、编制阶段、完善阶段、发送阶段。

1. 准备阶段（Preparation）

准备阶段工作主要了解用户需求，包括定目的、定受众、定范围、定风格，称为四定原则。表1-6给出了一个准备阶段的要求示例。

表1-6 准备阶段要求示例

类 别	请 示 汇 报	方 案 交 流	技 术 申 报
定目的	了解项目概况 获得项目批准（定性） 转达分管部门（商机）	展示技术实力 了解实际需求 展开具体合作（定量）	申报科技型奖项 申请知识产权专利 发表论文和专著
定受众	党政一把手 部门分管领导 秘书/办公室	分管领导 技术团队	专家学者 评审业务员
定范围	必要性（履职） 可行性（安全） 预期效果（亮点）	解决问题（应用场景） 采取方法、项目预算 成本分析 特色亮点（比对友商）	存在问题 解决方案 技术创新性 产业化预期
定风格	政府公文 简明扼要 一般不超过2页纸	建设方案 图文并茂 功能为主，技术点缀	科技论文 数据翔实 引用严谨

2. 调研阶段（Research）

调研阶段工作主要是收集素材，通过查询国内外现状、查询行业现有解决方案、查询公司已有基础（称为三查原则）进行。表1-7给出了一个调研阶段的要求示例。

表1-7 调研阶段要求示例

类 别	详 细 内 容
国内外现状	政府报告/白皮书 文档综述性论文 时事新闻
行业现有解决方案	行业新闻/行业研究报告 竞争对手新闻/技术方案 技术专利/论文期刊
公司已有基础	公司知识库 分管部门领导/部门同事

3. 架构阶段（Organization）

架构阶段工作主要是设计目录，设计目录之前要知道Why（为什么）、What（是什么）、Where（在哪儿）、Who（谁）、When（什么时候）（称为五W原则）编制方案。表1-8给出了一个架构阶段的要求示例。

表 1-8 架构阶段要求示例

类 别	具体内容描述
Why （为什么）	为何而写。 （1）方案编制需求要明确。明确方案编制背景、竞争对手以及预期方案要达到的目的、效果。 （2）方案编制思路要清晰。编制方案初稿时，预先按自己的完整思路进编制，后期可再根据他人意见进行完善。如果一开始就咨询意见，可能会造成编制思路混乱
What （是什么）	写成什么。 （1）方案主要技术内容是什么，例如具体有哪些产品或服务。 （2）方案主要商务内容是什么，例如公司介绍、人员介绍、业绩介绍等
Where （在哪儿）	写到哪儿。 （1）方案应用到哪个领域，是电力还是金融。 （2）项目所在地在哪儿，售后服务覆盖不到时，是否要提售后
Who （谁）	为谁而写。 （1）方案编制人员要稳定。编制方案任务分配后，切忌半途随意更换编制人员，新人完全接手是需要一定的时间和空间的。 （2）方案编制任务要提前。避免出现索要方案时急急忙忙地要，不要方案时无人管的现象发生
When （什么时候）	什么时候要。 （1）根据项目交付工期要求，编制相应的项目进度计划。 （2）售后服务响应时间是否有要求

　　一个全新的方案需要团队共同完成，方案目录架构基本确定后，确认好思路、衡量好工作难度、评估好工作量，然后组建方案编制团队，分配编制任务。

4. 编制阶段（Writing）

　　编制阶段工作主要是编制方案，要求尺度同、篇幅同、用词同、格式同（称为四同原则），便于后期方案快速合稿。表 1-9 给出了一个编制阶段的要求示例。

表 1-9 编制阶段要求示例

类 别	具体内容描述
尺度同	全文尺度要相同，以结构尺度为例，如果大多章节标题只到 3 级，而有的章节标题深入到 6 级或者更深，则会显得非常不匀称、不协调
篇幅同	同一类型 / 层级的方案内容，例如智能安检机、智能安检门的产品介绍篇幅要大致相同。 备注：非同一类型 / 层级的方案内容，篇幅可以适当拉开
用词同	方案全文描述用词要相同，例如智能摄像头、高清摄像机，可能本意都是指同一功能同一产品，但传递给客户的感觉是不相同的，从名称上可以判断是两款不同的产品，一款侧重智能，另一款侧重高清
格式同	全文格式要统一。 （1）全文同一级别标题格式应保持一致。 （2）全文正文字体、大小、字间距、行间距应保持一致。 （3）全文图标题格式应保持一致。 （4）全文表标题格式应保持一致。 （5）其他如引用等格式都要求相同

5. 完善阶段（Revision）

完善阶段工作主要是修正完善方案，包括自我评审、公司内审、客户外审（称为三审原则）。表 1-10 给出了一个完善阶段的要求示例。

表 1-10 完善阶段要求示例

类 别	具体内容描述
自我评审	可参照 1.4 节内容描述检查，并逐字逐句地通读整篇方案内容，检查错别字和不通顺之处
公司内审	自己写的方案，绝大多情况下，是比较难以发现问题的。此时应寻求外部力量进行评审，可组织领导、同事举行专项会议进行评审，根据内审意见，修订完成初稿
客户外审	发送给客户，根据客户外审意见，不断修订完善方案，并形成方案定稿

6. 发送阶段（Delivery）

发送阶段工作主要是将方案发送出去，包括形式确认、发送确认、反馈确认（称为三确认原则）。表 1-11 给出了一个发送阶段的要求示例。

表 1-11 发送阶段要求示例

类 别	具体内容描述
形式确认	与方案需求人沟通确认发送形式，正式一点儿，以邮件方式发出；不做特别要求的话，也可以通过钉钉或微信方式发出
发送确认	发送后，与接收人进行沟通，确认对方收到文件
反馈确认	待发出一段时间后，例如一两天，与接收人进行再次沟通，收集反馈意见

1.5.2 方案编制模型

如同软件开发，方案编制模型也可以分为瀑布模型、V 模型、迭代模型、原型化模型、敏捷模型等。

1. 瀑布模型

瀑布模型在早期阶段确定方案范围、时间和成本，对任何范围内的变更都要进行严格管理，每个阶段只进行一次，每个阶段都侧重于特定类型的工作，如图 1-1 所示。

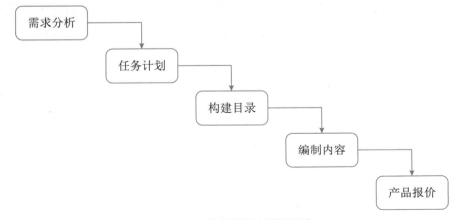

图 1-1 方案编制瀑布模型示意

（1）上一阶段方案编制成果作为下一阶段方案编制的输入。

（2）利用这一输入，编制该阶段应完成的方案内容。

（3）给出该阶段的方案编制成果，作为输出给下一阶段方案编制的输入。

（4）对该阶段的方案编制成果进行评审，若得到确认，则进入下一阶段，否则返回前一阶段，甚至更前阶段。

（5）适用于已经充分了解并明确需求的项目，例如企业标准化方案的编制，注重次序。

2. V 模型

V 模型结构左侧代表的是编制活动，右侧代表的是审核活动，如图 1-2 所示。

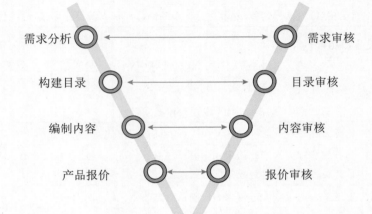

图 1-2　方案编制 V 模型示意

（1）V 模型体现的思想是方案审核和方案编制同等重要。

（2）针对方案编制的每个活动，都会有一个审核活动与之对应。

（3）适用于企业投标文件的编制，注重风险和质量。

3. 迭代模型

迭代模型是随着方案团队对方案需求理解的不断深入而进行修订，可将方案编制分为方案初稿、方案沟通稿、方案终稿三个阶段，如图 1-3 所示。

图 1-3　方案编制迭代模型示意

（1）每次进程按编制步骤经历完所有的阶段（包括需求分析、任务计划、构建目录、编制内容、反馈确认、产品报价），称为一轮迭代。

（2）每轮迭代结束后，开始新一轮迭代，直到方案编制完成为止。

（3）适用于企业定制化方案的编制，注重需求。

4. 原型化模型

原型化模型是首先快速构建一个方案原型，能够满足售前工程师与项目干系人进行交互，再通过与项目干系人进行充分的讨论和分析，最终弄清楚当前项目需求，进行充分的了解之后，在原型的基础上编制用户满意的方案，如图1-4所示。

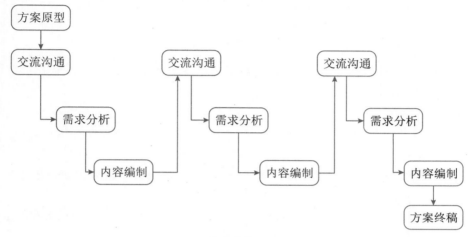

图 1-4　方案编制原型化模型示意

（1）针对每次方案进行沟通，及时调整方案内容，如此迭代。与迭代模型的区别：迭代方法是通过一系列重复的循环活动来编制方案，而原型化方法是通过持续的交流沟通渐进地增加方案的模块。

（2）交流沟通重复执行，直到最终通过评审的方案。

（3）适用于企业定制化方案的编制，注重需求。

5. 敏捷模型

敏捷模型是相对于传统方案编制方法的"非敏捷"，以人为核心、迭代、循序渐进，如图1-5所示。

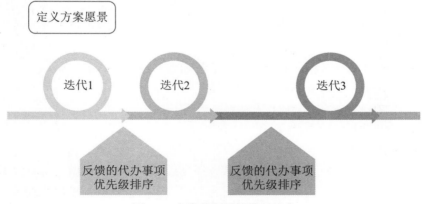

图 1-5　方案编制敏捷模型示意

（1）强调售前工程师与销售经理、研发工程师等成员的紧密协作，是一支紧凑而自我组织性的团队。

（2）能够很好地适应需求变化、面对面的沟通、频繁交付新版本方案。每次迭代前，方案关键干系人会定义方案愿景，每次迭代结束后，方案关键干系人会根据之前定义的方案愿景对迭代后的方案进行审查和反馈，方案团队会更新方案待办事项列表，以确定下一次迭代任务的优先级排序。

（3）适用于企业定制化方案的编制，注重方案编制过程中人的作用。

1.5.3　方案编制技巧

方案编制技巧包括 PPT 和 Word 方案编制技巧，投标文件的编制技巧另见 6.4.2 节。

1. PPT 方案编制技巧

（1）逻辑结构技巧。

总论点：通过一页 PPT 展现全文总论点，例如软件质量测试应能提供动态单元测试、静态代码质量检测。

分论点：围绕总论点，分别展开，例如分论点 1——动态单元测试应能自动生成测试用例，论点 2——静态代码质量检测应符合国家及行业标准。

论据：通过论据对每一个分论点进行佐证，因此所呈现的每一页 PPT 都要有其目的。

（2）内容制作。

篇幅：总篇幅控制在 30 页左右，演讲进度平均控制在 60 秒 / 页，全程约 30 分钟。

颜色：每页 PPT 上字体 + 图片 + 表格的颜色尽量控制在 3 种以内。

文字：每页 PPT 最多 50 个文字，若超过则需要进行精简。

（3）行文风格。

精简：展现形式中，图片 > 表格 > 文字，让听众可以快速接受方案内容。

凝练：听众通过小标题即可快速理解整页 PPT 内容脉络及想要表达的思想。

可靠：论据中的数字引用需要表明出处。

2. Word 方案编制技巧

（1）逻辑结构。

总分总：编制方案的一种结构方式，开头提出论点（开门见山），中间有若干分论点，结尾总结论点（或重申论点，或总结引申），而几个分论点之间可以是并列关系、层递关系、对比关系等。

一篇好方案应该有一个精彩的开头、丰富的内容和耐人寻味的结尾。

方案开头：要像凤凰的头部一样美丽、精彩。

方案正文：文章的中心，它应该和猪肚一样丰满。

方案结尾：要像豹尾一样给力。

（2）用词选择。

方案中特别是需求分析时，用词会经常选择反话正说、小题大做、小材大用等风格。

反话正说：比起直白的表达来都更为有力，语气更为强烈，情感更为充沛，给人的印象也更加鲜明。

小题大做：将项目中的小需求或小问题加以夸张、发挥，做大文章。

小材大用：说明较小的项目投入，可以换来更大的项目收益。

（3）语言风格。

语言上要采取新闻联播、科技论文式的风格。

新闻联播式的风格：庄重、正式、严谨、逻辑性强，例如新闻数字都是经得起推敲的。

科技论文式的风格：有干货，富含科技含量，例如包括技术路线、关键技术、工作原理、工作流程、技术规格等技术内容。

3. 方案编制工具

方案编制工具包括制图工具和文字编辑工具两类。

（1）制图工具。

常用的制图工具有 PPT、Visio、Axure、Rational Rose、Photoshop 等。

（2）文字编辑工具。

常用的文字编辑工具有 Word、Excel、WPS 等。

第 2 章

市场分析报告

从市场周期级别上，可分别从月度、年度进行专项市场分析。其中，年度市场分析建立在市场调查的基础上，建立在对市场有较深的作为和认识的基础上。年报市场分析是否准确，将影响市场营销策略是否准确，直接决定来年市场行为的收成。

简洁一点的年度市场分析报告可以通过汇总年度内 12 个月的市场月刊内容而成。

深度一些的年度分析报告还可以从经济大环境、行业小环境、市场作为、市场竞争对手等方面来分析，予以扩充丰富内容。

2.1　市场月刊分析

市场月刊是以月度为单位，对市场动态进行实时跟踪与分析，为下个月的市场活动作参考。其主要内容包括市场信息、市场计划与进度、招标项目信息、售前交流信息汇总、市场推广情况、竞争对手情报与动态信息等。

1. 市场信息

市场信息包括对国家宏观政策、行业政策解读，追踪行业市场新闻等，具体内容可以通过关注行业协会网站、行业权威微信公众号等渠道获取。

2. 市场计划与进度

市场计划与进度主要跟进各区域各条产品线的业绩完成情况，以及客户最新动向情况。

（1）本月各区域（产品线）业绩完成情况，如表 2-1 所示。

表 2-1　本月各区域（产品线）业绩完成情况

序号	责任行业	责任区域	责任人	全年目标/万元	本月目标/万元	本月完成/万元	完成率	备注

（2）预计下月各区域（产品线）业绩完成情况，如表 2-2 所示。

表 2-2　预计下月各区域（产品线）业绩完成情况

序号	责任行业	责任区域	责任人	全年目标/万元	下月目标/万元	预计完成/万元	完成率	备注

（3）全年各区域（产品线）业绩完成情况，如表 2-3 所示。

表 2-3　全年各区域（产品线）业绩完成情况

序号	责任行业	责任区域	责任人	去年业绩 / 万元	今年目标 / 万元	今年完成 / 万元	完成率	备注

（4）最新客户动向情况，如表 2-4 所示。

表 2-4　最新客户动向情况

序号	售前支持日期	客户名称	客户类型	具体事件	行业	区域	销售经理

备注：具体事件常见有客户来司考察、现场调研、技术交流、现场述标等类型。

3. 招标项目信息

××××年××月共有××个投标项目，已出投标结果项目××个，等待开标结果项目××个，准备投标文件资料项目××个，预计招投标项目××个，具体情况及项目投标分析情况如下。

（1）本月各区域已开标项目信息及中标情况，如表 2-5 所示。

表 2-5　本月各区域已开标项目信息及中标情况

序号	公示 日期	区域	项目名称	行业	规模	产品类型	销售 经理	结果	项目信息来源

（2）本月各区域已开标项目投标分析情况，如表 2-6 所示。

表 2-6　本月各区域已开标项目投标分析情况

序号	厂家	商务分	技术分	报价得分	总分	排名	备注

对重大项目进行认真复盘，及时总结每次招投标工作的成败以便吸取教训和积累经验，保证招投标工作的规范性和提高中标成功率。

（3）等待开标结果项目信息及情况，如表 2-7 所示。

表 2-7　等待开标结果项目信息及情况

序号	投标日期	区域	项目名称	行业	规模	产品类型	销售经理	项目信息来源

（4）正在准备的投标项目信息及情况，如表 2-8 所示。

表 2-8　正在准备的投标项目信息及情况

序号	区域	项目名称	行业	规模	产品类型	客户经理	项目信息来源	开标日期

分配和发布投标文件制作任务以及监督各项投标工作任务进展情况。

（5）市场机会及下月各地项目，如表2-9所示。

表2-9　市场机会及下月各地项目

序号	区域	项目名称	行业	规模	产品类型	客户经理	项目信息来源	开标日期

4. 售前交流信息汇总

售前交流信息汇总可分别从客户、行业、区域、省份、销售经理等多维度，汇总现场售前技术交流情况、各区域客户售前项目情况、客户来公司考察情况等，如表2-10所示。

表2-10　售前交流信息汇总

序号	售前日期	客户名称	客户类型	具体事件	行业	区域	省份	销售经理

5. 市场推广情况

市场推广情况包括各地行业会议、展会、报纸、杂志期刊、论坛等的宣传推广情况，如表2-11所示。

表2-11　市场推广情况

序号	协会名称	地区	联系人	联系电话	××××年会会议			
					会议时间	会议地点	会议信息	会议费用

6. 竞争对手情报与动态信息

竞争对手情报与动态信息可结合本月竞争对手的市场动态信息，本月所获取的竞争对手投标文件中的企业资质、业绩、产品等信息，以及全年竞争对手中标情况等维度进行统计分析。

因为现实社会中时刻充满着竞争，我们所处的行业也时刻存在竞争，所以我们在销售过程中：

（1）需要和自己竞争；

（2）需要和同行竞争；

（3）需要和我们的供应商竞争；

（4）需要和相关行业竞争；

（5）甚至需要和用户竞争。

在这个竞争过程中，我们如果能有效掌握竞争要素和把握竞争规律，则能有效提高公司和产品的市场竞争力。

2.2　经济大环境分析

市场经济大环境的分析主要是战略层和决策层重点考虑的问题，大环境决定企业大方向，决定市场作为的快慢和市场规模。可以从世界经济与中国经济走势、行业投资情况等方面进行分析。

2.3 行业小环境分析

行业小环境的分析可从行业市场政策、行业整体环境、行业利润、竞争程度、行业成熟度和饱和度，以及行业资本资金等方面进行分析。

（1）市场政策：可依托市场政策的解读，完成年度市场机会分析。

（2）行业整体环境：可引用如《"十四五"发展规划纲要》、市场研究机构报告等行业权威数据来预测、分析未来市场规模及行业发展趋势。

（3）行业利润：可借助市场行情、客户规划与投资方向（如投资项目表）进行分析。

（4）竞争程度：分析行业准入门槛和市场竞争程度等。

（5）行业成熟度和饱和度：分析行业技术成熟度和市场饱和度。

（6）行业资本资金：分析行业风险投资参与情况。

2.4 市场作为分析

市场作为分析是基于市场对象、商业模式分析的基础之上，完成今年的市场作为分析和明年的市场机会预测。

2.4.1 市场对象与商业模式分析

1. 市场对象分析

市场对象分析可以从市场消费群体、消费对象特点、市场规模等方面进行。

2. 商业模式分析

（1）整个市场链条中哪个环节掌握话语权？

（2）市场渠道主流方式是什么？是经销、代理还是其他？

（3）行业利润是如何分配的？

（4）利润是厂家多还是代理多？

（5）我们在市场链中哪个位置？

（6）应抓住什么样的主流业态作为市场突破口？

2.4.2 今年市场分析

今年的市场分析可以从合同情况、招投标情况等方面进行。

1. 合同情况分析

合同情况分析可以从产品、区域、客户等类别同期合同情况进行。

（1）按产品类别同期合同情况分析，如表 2-12 所示。

表 2-12 产品同期合同情况

序号	产品	××××年合同金额	××××年合同金额	增长率

（2）按区域类别同期合同情况分析，如表 2-13 所示。

表 2-13 区域同期合同情况

序号	区域	××××年合同金额	××××年合同金额	增长率

（3）按客户类别同期合同情况分析，如表 2-14 所示。

表 2-14 客户同期合同情况

序号	客户名称	××××年合同金额	××××年合同金额	增长率

针对重大客户所产生的业绩进行详细分析。

2. 招投标情况分析

招投标情况分析可以从中标项目、产品、行业、区域等类别招投标情况进行。

（1）按中标项目情况分析，如表 2-15 所示。

表 2-15 中标项目情况

序号	开标日期	项目名称	客户属性	状态	招标金额	中标金额	行业	区域

（2）按产品类别招投标情况分析，如表 2-16 所示。

表 2-16 产品招投标情况

序号	产品	中标	未中标	准备资料	等待开标结果	放弃投标	报名未成功	总计

（3）按行业类别招投标情况分析，如表 2-17 所示。

表 2-17 行业招投标情况

序号	行业	中标	未中标	准备资料	等待开标结果	放弃投标	报名未成功	总计

（4）按区域类别招投标情况分析，如表 2-18 所示。

表 2-18 区域招投标情况

序号	区域	招标数量	中标数量	数量中标率	投标金额	中标金额	金额中标率

2.4.3 明年市场机会

明年市场机会可从招投标机会、有希望签约项目、预计有订单项目等方面分析，尤其后两者的数据对明年生产计划的制订可发挥很大的作用。

1. 招投标机会

招投标机会包括正在准备的投标项目和正在报名的投标项目，利用这些数据可以画出一幅作战地图，辅助制定最佳的销售策略。

（1）正在准备的投标项目信息情况，如表 2-19 所示。

表 2-19　正在准备的投标项目信息情况

序号	区域	项目名称	行业	规模	产品类型	客户经理	项目信息来源	开标日期

（2）正在报名的投标项目信息情况，如表 2-20 所示。

表 2-20　正在报名的投标项目信息情况

序号	区域	项目名称	行业	规模	产品类型	客户经理	项目信息来源	报名日期

2. 有希望签约项目

已经深入接触，预计明年有签约希望的项目，如表 2-21 所示。

表 2-21　明年有希望签约项目

序号	区域	客户名称	行业	规模	产品类型	客户经理	预计合同数量	预计合同金额

3. 预计有订单项目

已经初步接触，预计有订单项目，如表 2-22 所示。

表 2-22　预计有订单项目

序号	行业	区域	省份	客户名称

2.5　竞争对手分析

竞争对手分析可以通过建立竞争对手基础数据库、静态数据库、动态数据库，来覆盖市场上已知的主流竞争对手。

1. 竞争对手基础数据库

竞争对手基础数据库主要记录和分析竞争对手的基本信息，如表 2-23 所示。

表 2-23　竞争对手基础数据库

科目／企业	企业 1	企业 2	企业 3	企业 4	企业 5
企业网站					
企业简介					
企业性质					

续表

科目/企业	企业1	企业2	企业3	企业4	企业5
企业背景					
成立时间					
组织机构					
企业资质					
获奖荣誉					
研发历史					
产品线情况					
市场推广策略					
渠道政策					
合作伙伴					
市场占有率					
售后服务					
品牌形象					
管理方式					
其他					

竞争对手的企业资质,除了通过在竞争对手官方网站外,还可以通过其他一些公开的渠道查询到一些蛛丝马迹,如表2-24所示。

表2-24 竞争对手常见资质查询地址

序号	资质名称	网站名称	查询地址
1	一般资质	天眼查	http://tianyancha.com/
2	CNAS资质	CNAS实验室检验机构认可业务管理系统	https://las.cnas.org.cn
3	专利	中国专利公布公告网	http://epub.cnipa.gov.cn/
4	CMC证书	省市场监督管理局	企业注册所在省市场监督管理局
5	系统集成	中国系统集成资质查询系统	http://www.jczzcx.com/
6	CMMI资质	CMMI官方网站	https://sas.cmmiinstitute.com/
7	招标文件	中国政府采购网,从中标结果逆推资质具备情况	http://www.ccgp.gov.cn/
8	标准	标准分享网	http://www.bzfxw.org/
		全国安全防范报警系统标准化技术委员会	http://www.tc100.org.cn/
		中国国家标准化管理委员会	http://www.sac.gov.cn/

注:随着机构的合并与调整,网站查询地址很可能会随之发生变更。

2. 竞争对手静态数据库

竞争对手静态数据库主要记录和分析竞争对手的静态信息（已知和已获取信息），数据项主要包括业绩分析数据和产品分析数据。

（1）业绩分析。可从营业收入、净利润、销售毛利率、同比增长率等维度进行比对分析，如果数据完整，则可以再进一步细分到区域、省市、具体客户，如表 2-25 所示。

表 2-25　竞争对手业绩分析

科目 / 企业	企业 1	企业 2	企业 3	企业 4	企业 5
营业收入 / 万元					
应收款项 / 万元					
存货 / 万元					
净利润 / 万元					
资产负债比率 /%					
销售毛利率 /%					
营业总收入同比增长率 /%					
净利润同比增长率 /%					
存货周转率 /%					
其他					

（2）产品分析。可从架构、功能、性能、价格等方面进行一一比对分析，如表 2-26 所示。

表 2-26　竞争对手产品分析

科目 / 企业	企业 1	企业 2	企业 3	企业 4	企业 5
系统架构					
系统功能					
系统性能					
业务流程					
遵循标准					
开发工具					
数据库					
产品优势					
产品资质					
研发人员规模					
集成能力					
成功案例					
样本工程					
获奖荣誉					

续表

科目／企业	企业 1	企业 2	企业 3	企业 4	企业 5
二次开发					
配套产品					
产品价格					
其他					

3. 竞争对手动态数据库

竞争对手动态数据库主要记录和分析竞争对手的动态信息（未知或未获取信息），如表 2-27 所示。

表 2-27　竞争对手动态数据库

科目／企业	企业 1	企业 2	企业 3	企业 4	企业 5
业务布局					
拓展方向					
战略合作					
市场活动					
行业协会入会情况					
新品发布					
其他					

第 3 章

市场营销方案

基于对市场的分析，为达成预定的营销目标，制定可执行性的营销模式、市场策略、营销策略，最后落实各项业务的营销资源管理和支撑计划。

3.1 营销目标

营销目标是让人走出去、把产品说出去、把产品卖出去、把钱收回来，以成交并收款为目的而开展的一系列活动。可根据公司的业务定位、发展方向制定相适宜的营销目标。

（1）总体营销任务目标；

（2）分行业营销任务目标；

（3）分区域营销任务目标；

（4）分产品线营销任务目标；

（5）分人员营销任务目标。

3.2 营销模式

营销模式可根据客户采购模式，基于公司现有的业务框架下制定。

1. 集采统配模式

集采统配模式是指产品/服务由总部统一招标采购，然后由供应商配送至各级分部签收，最后由总部统一验收和付款。

针对此类采购方式的营销模式，须集中商务力量攻克总部。

2. 总部入围、分部集中采购模式

（1）总部入围模式：基于框架协议的集中采购，由总部集中采购部门负责寻找供应商签订年度采购协议，协议规定集团年度采购数量，而不规定采购的价格或批次等。

（2）分部集中采购模式：具有采购权限的各级分部，根据自身需求和供应商的资质、价格，采取公开招标、邀标、竞争性谈判等方式确定最终的供应商。

针对此类采购方式的营销模式，须先集中力量入围总部，再发展多个代理商，借助代理商的商务关系资源，逐个攻克各级分部，尽可能获得更多的分部订单。

3. 集采统迁模式

集采统迁模式是框架协议集采与集采统配相混合的采购模式，由总部集中采购部门根据一定的规则，不定期引入其他不固定的供应商，通过竞争，在提高协议内供应商的竞争意识的同时，达到有效规避合谋风险的目的。

此模式下，一方面总部与主要供应商签订相关框架协议，以保证物料的整体供应；另一方面，总部定期保持在市场上的询价或者招标活动，吸引其他大型供应商加入。一旦市场其他供应商的报价或者投标价低于协议内供应商的报价，总部则可以根据实际情况，考虑采用该供应商进行物资供应，甚至可以利用该供应商的报价作为与原有供应商讨价还价的筹码。倘若框架协议内的供应商不能满足总部的整体采购需求，总部会转而寻求市场上其他供应商，并采用集采统配的模式分部供货。

针对此类采购方式的营销模式，与总部入围、分部集中采购的营销模式相同，同时结合总部集采统配的营销模式。

4. 分部自主采购模式

分部自主采购模式是指各级分部拥有自主采购权，供应商的选择不受总部入围限制，可自行根据需要选择满足需求的供应商。

针对此类采购方式的营销模式，攻克分部商务关系进入分部供应商体系；寻找代理、合作伙伴，借助代理商、合作伙伴的商务资源，进入分部供应商体系；寻找与分部有合作项目的集成供应商，借助其项目与其合作，向其供应产品，进行合作。

3.3 市场策略

市场策略是基于行业 SWOT 分析，给出市场策略建议，并预判市场作为结果。

SWOT 是优势（Strengths）、劣势（Weaknesses）、机会（Opportunities）和威胁（Threats）英文单词的首字母缩写。

3.3.1 行业 SWOT 分析

行业 SWOT 分析可从行业从业环境的优势（S）、劣势（W）、机会（O）、威胁（T）来进行分析，示例如下。

（1）优势（S）：品牌优势、研发优势、团队优势、成本优势、本土优势等。

（2）劣势（W）：企业规模小、产品成熟度低、核心技术存储不足、行业壁垒高、渠道不健全等。

（3）机会（O）：政策支持、行业前景广阔、新标准带动新需求、技术成熟支持规模化商用等。

（4）威胁（T）：政策变动、关键客户依赖度高、市场萎缩、竞争加剧、主要原材料价格波动风险、库存风险、利润空间缩小、人才流失等。

根据以上内容，完成行业 SWOT 分析模型，如表 3-1 所示。

表 3-1　行业 SWOT 分析模型

类别	优势（S）	劣势（W）
机会（O）	SO 战略：发挥公司优势，利用外部机会	WO 战略：利用外部机会弥补自身的不足
威胁（T）	ST 战略：利用公司的优势规避外部的威胁	WT 战略：通过努力减少自身劣势，进而规避外部的威胁

3.3.2　市场策略建议

针对特定的行业 SWOT 市场分析，提出合适的市场策略：

（1）选择什么样的渠道？

（2）选择什么样的业态客户？

（3）选择什么样的产品攻击？

（4）选择什么性格的人来拓展这一市场？

3.3.3　市场作为结果预判

针对上述的市场策略执行所产生的结果，进行预估性研判与分析：

（1）从品牌、市场、客户等方面分析；

（2）从短期和长期销售任务方面分析；

（3）从稳定性方面分析；

（4）从其他方面分析。

3.4　营销策略

通过市场营销的总结，借助 4P（产品策略、价格策略、渠道策略及销售策略）营销分析理论，对公司在产品营销中存在问题提出解决方案。

3.4.1　营销总结

营销总结是对过往一年的营销工作进行全面总结，下面以某产品线的招投标工作总结为例，如表 3-2 所示。

表 3-2　某产品线的招投标工作总结

成单因素	丢单因素	改进措施
长期跟踪、关系到位	客户高层关系不到位	申请公司高管资源支持
代理商积极主动认真	代理商跟进不够积极	加强代理商管理，并引入竞争机制
代理商真正用心在做	过分依赖代理商	发展多家代理商
代理商管理规范	代理商犯低级错误	加强代理商的培训
政府或其他关系强硬，客户必须选择	选错代理商，没有找到可以控制全局的、合适的代理商	多方寻求客户的关系，发展更多有实力的代理商

续表

成 单 因 素	丢 单 因 素	改 进 措 施
跟单流程完全在控制之中	客户重要人事发生意外变动	要提前了解客户的人事变动，对一些有可能上任的领导做前期的拜访，争取更多的评标评委支持
无其他竞争对手介入	轻视潜在的竞争对手，对竞争对手了解不充分，未制定出恰当的竞争策略	多向客户了解对手的情况，培养眼线人员
是老客户，对公司非常认可	报价太高（5选3直接出局），市场竞争趋于白热化，客户能承受的价格公司无法认可	简化安装步骤，缩短施工周期，降低成本
经销商信任公司，认为利润还可以，他做好客户的上下工作，不会选择其他厂家	代理商忠诚度低，推荐了其他公司	积累代理商资源或客户关系资源
客户对产品功能满意，和公司其他产品打包一起操作，没有可比性	产品功能达不到客户要求	另辟蹊径来引导客户需求及要求
	招标过程发生客户无法控制的意外情况	与招标代理机构建立良好关系，让他们提供招投标现场状况，及时沟通，避免意外情况发生
	考察时未安排妥当，接应不到位。已合作客户对潜在客户说些影响不好的话，导致客户失去信心	考察前提前做好相关的准备工作
	上级单位项目的介入（如区域平台建设），指定了某具体品牌	重视并加大政府公共关系投入
	政府相关政策影响，如政府限制客户投入或改制等	充分做好相关工作，引导客户走向
许诺客户提供本地化服务	客户对本地化售后服务要求很高，倾向于当地公司	各地办事处升格为分公司，条件成熟，各分公司招聘当地售后工程师
	客户有限的资金用于其他投入	多引导客户，让他们多重视信息化方面带来的经济效益和社会效应
	人手不足，精力有限	整个片区实现信息资源共享
	产品线不全，无客户信息化建设配套产品（成为竞争对手主要攻击点之一），而客户出于售后等因素，也要求能提供全套产品	与其他厂家合作捆绑销售
	商务成本太高	尽量分化商务成本，争取有限资源用到更需要的地方

续表

成 单 因 素	丢 单 因 素	改 进 措 施
	片区没有规模较大的示范性客户，考察不方便，客户对公司认知度不高	推动并建设好样板工程
	与硬件厂家无合作，拿不到授权函	
客户无此项要求，部分通过也行	产品没有全部通过某类标准测试要求	尽快调整争取能测试通过
	招标过程中价格高出其他竞争对手太多	招标前制定合理有效的方案，完全避免可能性发生
	无资质丢分（评分项）	申请常规资质
能够独立安装、演示、培训客户	客户没有深入了解，无法展示本公司产品优势	已转正员工，配备笔记本电脑，并安装全套软件
具有产品所需的专业IT知识，能根据客户具体情况，引导客户制定合理的软硬件配置	缺乏产品相关基础知识（计算机、服务器、存储、网络）	学习产品培训资料文档
客户对竞争对手销售经理或技术人员不满意	疏远、忽略了信息科等产品实际应用人员	加大客户访问频率和范围，发展内线

3.4.2　产品战略

产品战略可对公司核心产品、薄弱产品、短缺产品、新研产品进行分析与制定。

（1）核心产品。

核心产品需要长期引领公司重点业务方向，聚焦行业动态，以及现有业务往来的关键客户动态。

具体可先由产品经理汇总各地销售经理出具的如何扩大市场份额的书面报告，再补充完善以确保获得最大市场份额。

（2）薄弱产品。

薄弱产品整体实力相对比较弱，需要走"农村"包围城市的道路，可通过核心产品整体解决方案的推广带动，从而提升市场份额。

（3）短缺产品。

需要加大引进力度，寻找符合公司发展方向、有市场、有技术含量的产品，实现产品的全线覆盖。

（4）新研产品。

基于技术发展的中长期规划，需要开发成本低、产品化快的新品，并尽快推向和占领新兴的市场。

（5）其他产品。

3.4.3　价格策略

价格策略可从不同的产品形态进行制定。

（1）标准化产品。

针对成熟市场客户，以提高市场份额和扩大销售规模为主，即使采用低价策略，此类产品的盈利能力相对较强，市场规模也较大。

（2）定制化产品。

除新兴市场客户需要加强培育外，满足不同客户个性化需求的同时，普遍实行高价策略可有效地保护产品利润。

（3）特殊产品。

特殊产品的价格单独另议。

3.4.4　渠道策略

渠道策略通常通过设立办事处和建立代理商网络作为两大渠道模式覆盖全国，示例如下。

（1）销售模式以自主的营销和业务代理相结合的方式。

（2）抓好重点区域及重点客户的建设，重点客户的建设上实行专人负责制度。

一旦发生销售经理更替，要求新销售经理与客户在3个月内签订新合同或邀请客户来公司进行考察，确保关系的续存。

（3）加强工程及售后的服务及时性。

通过建立完善的流程制度来保证工程项目的及时响应，通过改变售后人员的管理制度来保障产品维护的及时性。

（4）经销商合作，积极抓好渠道的建设。

寻找当地有资源的经销商一起运作项目，互相交流产品并互相支持。

（5）积极寻找资源，寻找智慧城市方面的合作厂家，进行产品方面的集成和被集成。

3.4.5　销售策略

销售策略可参照优秀竞争对手，结合自身实际情况制定。

1. 商机网格化管理策略

（1）实行商机网格化管理后，销售经理为产出业绩，就只能在所管辖片区内尽可能掘地三尺，寻找一切可能的商机。

销售经理需日常保持与片区内各类客户的沟通，以备有项目来时能更好地把控项目，提高商机的成功率，也会更用心地培养有可能产生商机的各类客户，想办法为他们解决在生产运营过程中出现的种种需求，以求让每一位潜在客户产生的业绩最大化。

除片区内的大项目，销售经理也会注重中小项目的跟进，因为他们只能指望从这片土地上收获"盛夏的果实"，销售经理必须用心对待大大小小的商机，并将它们维护好，从而希望能得到更好的回报，收获更多的项目需求和机会。

（2）与此同时，还可根据各大片区内销售经理的行业经验深浅来灵活组合，一起管理一个相对独立的片区，实行小组业绩和个人业绩相结合的KPI考核办法。

如此一来，为能使小组业绩更好，有经验的老销售经理可能会更用心地带动新销售经理，把多年积累所学尽可能地传授，在既是老师又是战友的搭档带领下，新销售经理可以获得更快的成长。

（3）甚至，销售经理还可根据自己的优缺项进行合理化分工合作。

例如一个销售经理主要负责项目过程的商务关系协调，另外一个销售经理主要负责对产品的知识宣传讲解，相辅相成，可能更好地为客户解决问题，长年累月下来，双方的长处又为对方吸取所用，最后大家都能得到全方位的提升，成为既熟悉产品知识又商务能力强的营销顾问。

2. 跨区协同合作策略

在有些大型项目中，难免会出现商机所在片区的销售经理在商务关系层面远不如其他片区的销售经理。在这种情况下，跨区协同合作就显得非常必要。

可遵循保障公司整体利益、再协调好内部个体利益的总体原则，任命本片区的销售经理作为主要项目负责人，另一片区的销售经理在一定程度上参与项目的商务运作。项目成交后，由大区经理根据项目贡献大小决定其分配比例，共享项目成果。

3. 完善提成制度

（1）促进公司效益。

从公司角度来看，新增购买客户，需要消耗更多的公司资源，但从长远来看，能带来远期收益的增长。因此，提成制度应该区分是新客户的首次购买还是老客户的再次购买，前者的提成比例应高于后者。

（2）促使老员工挖掘新商机。

特别是手里成交了几个大项目的销售经理几乎不用再去寻找新的商机，仅凭这些老商机就能轻易完成销售任务，不愿意去做投入大、成功率低的新商机开发。

（3）注重新员工稳定性，保护新人的积极性。

新员工必须自己凭能力寻找商机源，即使正式转正录用，也不代表能获取更多的资源或者帮助。否则，站在看似"肥沃"而其实没多少庄稼可长的"土地"上，新员工可能只会更加迷茫，不知从何"耕"起。

3.5 营销资源管理和支撑计划

营销资源管理和支撑计划包括政策管理、区域管理、人员管理、产品支撑、售前技术支撑、售后技术支撑、财务支撑、法务支撑等方面，为了保障重点业务实现。

1. 政策管理

完善营销政策包括代理商管理政策、支撑销售经理开拓新市场和维护老市场、提高销售经理及代理商的销售兴趣和销售动力。

2. 区域管理

区域管理要求聚焦重点省份，公司资源要向重点省份倾斜。

区域管理包括售前、工程、售后、研发团队，重点省份项目需要第一时间响应，组建以省为单位的团队进行公关。

3. 人员管理

由于业务类型的扩展，需要完整的方案、产品清单及价格。因此需要增加销售人员，成立单独的销售团队，并配备专业人员进行技术支持。

4. 产品支撑

（1）产品培训。

定期组织产品培训，培训产品的基本信息，包括产品外观、参数、功能、性能、用途、组成产品的各个组件信息、配件信息以及产品的特点、优势和不足。

（2）产品推广方案。

制定切实可行的产品行业推广方案。

制作PPT方案材料，并对各代理商、合作伙伴、客户进行方案的讲解和演示，同时定期和代理商、合作伙伴进行产品推广策略的探讨。

（3）产品手册。

分类型、分行业准备产品宣传手册。

面对高端客户，产品手册不论从制作材质上还是从制作内容上均须体现公司的专业。产品手册包括产品的宣传手册、产品使用说明书、产品技术白皮书等。

（4）产品宣传。

做好产品宣传。包括产品宣传手册的印刷，在各类行业报纸、杂志期刊、电视媒体广告、展会、会议、论坛等的宣传推广。

（5）产品物流。

建立完善的物流通道及管理体系。

选择一两家信用良好的物流公司进行长期合作，同时备选一两家以备不时之需，确保产品能及时、安全地送至客户地点。

5. 售前技术支撑

（1）编制技术方案文档，负责对里面的内容进行校对。

（2）对方案的配置负责，包括价格及性能。

（3）参与招投标文档的编制，负责对里面的招标条款做答。

（4）对客户进行产品及方案的讲解及澄清。

（5）了解行业竞争对手和竞争对手产品的情况，研究竞争对手的产品、解决方案及市场方向、市场策略，做到知己知彼。

（6）对销售经理、客户、代理商，以及合作伙伴进行产品培训。

（7）其他。

6. 售后技术支撑

（1）负责产品的技术调试、配合客户进行技术测试。

（2）定期维保：保修期内，提供技术维修人员和维修材料，做定期维保。

（3）根据各系统的运行情况及维修程序，执行系统的维修服务：包括对设备的例行检查，调试设备，替换不正常的设备。

（4）现场排除故障或技术指导：应客户或代理商、合作伙伴要求，派遣专业技术人员及时前往现场解决用户的各种问题。

（5）其他。

7. 财务支撑

（1）商务费用。

（2）合同、协议的审核。

（3）产品成本核算。

（4）其他。

8. 法务支撑

（1）公司与客户合同范本的起草、制定。

（2）公司与客户合同的审核。

（3）公司与各代理商之间代理合同的制定和审核。

（4）公司与各合作伙伴之间合作协议的制定和审核。

（5）其他规避公司法律风险的事宜。

（6）其他。

第4章

市场宣传方案

市场宣传方案，包括参展方案、宣传画册、产品白皮书、产品一指禅、产品标准规范，以及官方网站、微信公众号、易拉宝、户内外喷绘等内容。

4.1　参展方案

就一线品牌宣传经理而言，需求最多的是参展方案。展会参展前，销售部惯例都会编制一份参展方案并进行报批，审批通过之后，落实参展计划，并在展前一天组织参展人员进行动员。由于此类方案基本可固化、标准化，在此不作赘述，有需求的读者可直接套用11.1.1节的参考模板。

4.2　宣传画册

就一线销售经理而言，使用最多的还是宣传画册（俗称彩页）。实际上，只要宣传画册内容做好了，其他市场宣传方案如官方网站、微信公众号、易拉宝、户内外喷绘等基本上可以直接拿去复用，其方案编制过程主要包括思路设计、样式设计、内容设计、意见征集、打样定稿等步骤。

4.2.1　思路设计

任何设计都要先有思路，任何思路都要有设计。思路不对，做起来就会有多疯狂；容易出现工作做到一半，发现进行不下去了，往哪都是死路，只得全部推倒重来。

1. 设计说明

制作市场宣传画册前，脑海里首先需要梳理出一个总体设计思路。

（1）计划输出一个什么形态的宣传画册？

（2）大约包含哪些内容？形态？厚度？尺寸？

（3）呈现给客户后，期望达到什么样的效果？

2. 设计步骤

可以尝试通过以下三个步骤快速厘清设计思路。

（1）收集自身公司历年所有版本的宣传画册，取其精华、去其糟粕。

（2）参加行业展会，收集行业内竞争对手的宣传画册，借他山之石、琢己身之玉。

（3）借鉴优秀公司的宣传画册，站在巨人肩膀上可以看得更远。

最后，正确领悟上级领导的需求，学会向上管理，有疑问及时上报领导，少走冤枉路。

3. 设计案例

思路设计清晰、明确，设计效果事半功倍，反之事倍功半。

（1）A公司宣传画册思路设计。

随着A公司完成新一轮战略融资后，公司原有的宣传画册形式、内容均不足以支撑公司业务的发展，因此该公司总经理责令解决方案部门重新设计一款宣传画册，要求全面介绍公司包括科研平台、科研团队、行业解决方案、项目案例等，提升公司形象的同时展现公司的技术实力，最终达到通过方案潜移默化教育客户的目的。

（2）B公司宣传画册思路设计。

反观B公司，因疫情影响，公司经营业绩持续下滑，B公司总经理压力大，长期277（凌晨2点睡、早7点起、一周工作7天），睡眠严重不足，外加公司大小事务他都要一一过问，造成其思维混乱，经常是想一出是一出。不到正式打印前1秒方案绝不定稿，一直在反复修改，工作效率极其低下。

4.2.2 样式设计

样式如同衣服款式，同样的内容，应该可以支持多样的呈现方式。

1. 设计说明

（1）宣传画册的样式，主要有折页、插页、装订、胶装等样式，其中折页还可有单折页、双折页、三折页、四折页等。

（2）内容成熟完善、一般改动较少的，建议采取订装、胶装等样式。

（3）内容不成熟完善、经常有改动的，建议采用折页、插页样式，避免因为一点儿改动而牵一发动全身。

2. 设计原则

（1）样式档次要尽量显得高端大气，毕竟宣传画册代表的也是公司形象。

（2）同一份方案，避免因为样式更换改来改去，增加大量的低质量工作任务。

（3）按照思路，先完成样式初步设计，再根据后期设计内容、征集意见进行深化设计。

3. 设计案例

（1）A公司宣传画册样式设计。

A公司具有成熟的产品、成熟的宣传机制，宣传画册内容基本固化，因此设计的内容可全面支持订装＋折页＋插页等多种样式，满足一线销售经理多样化的需求。

（2）B公司宣传画册样式设计。

反观B公司所研发的产品成熟度、稳定性都不足，而B公司领导又是一位比较严格的人，对方案内容质量要求高，经常会要求改动。因此设计人员借鉴了某大数据交易所四折页形式，重新规划设计一份三折页的宣传册，翻开宣传画册后，第三张折页有宣传内容的同时，也提供一个插袋，供公司所有行业应用方案的存取。每一份行业应用方案，另外采取单折页、双折页的样式设计。

4.2.3 内容设计

内容设计有多重要?

可以说,它不仅是开端,还是灵魂。下面以插页样式为例,内容设计分为两大块,一是公司介绍(主体框架),二是行业解决方案(各个插页子方案模块)。

1. 设计说明

宣传画册内容主要包括公司介绍、行业解决方案两部分。

(1)公司介绍。

公司介绍内容素材可以向公司人事、行政等部门同事索取最新的公司介绍材料,根据需要再重新进行设计与排版。

(2)行业解决方案。

行业解决方案内容素材必然会涉及公司多个部门,如研发、生产、营销、实施等部门。当对设计内容把握不准时,可以先联络相关人员,要求提供初步的素材,再进行后期加工处理,如此一来可避免后期内容变动太大,降低未来修改难度和修改成本。

2. 设计原则

内容设计时,必须遵守以下原则。

(1)安全性原则。

内容安全可分为涉密信息、公司商业秘密信息。设计时这两种信息绝对不能出现。

①不能泄密。

从事军工行业的企事业单位,或多或少掌握了一定的涉密信息,但此类信息严厉禁止出现在宣传画册上,信息泄密将严重违反国家保密法,所带来的损失不可估量。

②不可泄密。

公司商业秘密信息,例如一些企业资质文件,置于宣传画册上作用不大,反而容易让竞争对手知悉。易被竞争对手通过宣传画册、门户网站、微信公众号等渠道获取第一手资料。

(2)一致性原则。

所有板块内容、标题、风格等需要保持相对的一致性。

①内容一致性。

宣传画册上内容要与公司门户网站、微信公众号等平台内容尽可能保持一致,因为有些项目招标会明确要求同时提供印刷材料(宣传画册)、门户网站截图等佐证资料。

②标题一致性。

所有行业解决方案一级标题名称尽量保持一致,例如方案概述、系统架构、网络架构、主要功能、性能指标、预期成效、特色亮点、应用案例等标题。在不影响整体布局情况下,根据素材内容实际情况可以对标题做适量的微调。

③风格一致性。

所有板块的风格(字体、大小、颜色、小标题、中英文标点符号等)须保持一致。

④主题一致性。

方案中的配图、背景图案要与方案主题相符合。

⑤名称一致性。

同一款产品拥有多个不同的名字，特别是创业公司，经手不同人员时容易犯错。

（3）真实性原则。

所有的内容必须是真实的，特别是数字，都要经得起考证。

①内容真实。

有的人为了所谓的高大上，把非公司所有的素材（例如公司成员在之前单位工作时的科研成果、荣誉证书等）进行堆积，甚至振振有词地说谁家宣传画册不注水？这是不可取的。

②形式真实。

科研平台/工程中心如果是企业单独建设的，是不能编成与某某大学合作共建的。

③案例真实。

如果项目只是做了试点试用，严格意义上是不能算成功案例的。行业内的客户之间也是会有互动的，一打听就露馅了，反而成了负面影响，所谓偷鸡不成蚀把米。

（4）准确性原则。

①修饰用词描述要准确。

例如安全行业公司的定位描述，不能说成是赋能千行百业，改成聚集安全更为妥当一些。

②机构名词描述要准确。

例如全面放开二孩后，国家卫生和计划生育委员会更名为国家卫生健康委员会，简称变更为卫健委，不再称卫计委。还有同学写到团队来源于某重点实验室团队，如果该实验室名字涉密，是禁止写的，如果名称不涉密，"某"字显得是编纂的，纯属子虚乌有。

③词语等级描述要准确。

例如，不是平安城市创建，简单一点就是平安城市；不是社会治安维稳，而是社会综合治理；不是城市综合治理安全，而是城市安全综合治理。

（5）严谨性原则。

①顺序逻辑化。

例如合作伙伴排列顺序，前面是企业，后面是高校，不该杂糅在一起；荣誉同样按从大到小，分类排列。大方案（整体方案）下面还有小方案（子方案）时，要考虑两者之间的关联，例如是总分关系而非并列关系。

②用词专业化。

方案中不能简称为A公司，而应该是A公司全称或者就是我司。

③笔墨均等化。

每一部分着墨要差不多，同时无关的内容不要为了充数而填塞进去。

④内容成熟化。

不成熟的行业解决方案，要慎重考虑是否加入。

⑤内容精简化。

文字内容越多，越让客户失去往下继续阅读的兴趣。

⑥描述形象化。

通俗易懂的描述，让客户容易理解并自信坦然地接受。

3. 设计案例

内容设计时，要有专人统筹兼顾、多样统一，才能更加吸引客户，让方案意境和内涵更忠实地传达给客户。

如果给客户的感觉是零零散散、临时七拼八凑的，首先是不尊重客户，其次一套不成完整体系的宣传方案在市场上也是不具备竞争力的。

（1）A公司宣传画册内容设计。

①公司介绍，主要包括企业简介、企业历程、科研平台、科研团队、知识产权、企业荣誉、战略布局、合作伙伴等板块。

②行业解决方案，聚集于公共交通安全、物流与寄递安全、国家电力安全、城市安全综合治理、再生资源安全、数据安全等行业应用。所有行业解决方案内容板块、标题、风格设计均保持一致，其中部分解决方案出于项目拓展出发，进行定制，也可以说是为某些客户量身定制的。

（2）B公司宣传画册内容设计。

①公司介绍页面，各种信息全杂糅在一起，没有聚焦，也没什么特色，留给客户的只有些浮光掠影的印象。

②行业解决方案，出手于公司不同成员，各板块内容各尽不同、各领风骚，无法快速跟客户建立良好的熟悉感。

4.2.4 意见征集

广泛征求意见有助于提高宣传画册制作质量。

1. 征集说明

（1）征集对象。

宣传方案的消费者即内部提需求者，例如销售经理、品牌宣传经理等。

宣传方案的交付者即内部落实需求者，例如项目经理、产品经理等。

（2）征集方式。

可以通过远程网络或现场会议讨论征集。

（3）征集步骤。

首先组建相关群组（钉钉群、微信群等），正式开会前，先将初步设计稿（电子版）发给相关人员，便于参会人员在会前熟悉材料，保证开会效果，节约沟通时间，避免浪费公共资源。

（4）把握节奏。

这就需要主持人控制好节奏和方向，保证会议不跑题、不偏题。

2. 征集原则

（1）不能形式化、边缘化，不让无意见成为摆设。征集到的反馈意见，要有具体的行动与沟通计划。

（2）不能无主化、过度化。让不重要意见成为核心、成为干扰，导致偏离原定轨道。

（3）对收集上来的反馈意见，逐一评估，逐一落实到位。

3. 征集案例

（1）A公司宣传画册意见征集。

①第一轮意见征集：首先通过网络方式，向行政经理、销售经理、项目经理、产品经理，征集第一轮意见。如行政经理检查出企业资质数量未更新，销售经理建议增加合作伙

伴模块，项目经理提议提高项目案例篇幅，产品经理建议增加关键技术描述。

②第二轮意见征集：第一轮征集意见修改后，立即组织第二轮。

（2）B公司宣传画册意见征集。

①意见征集：为征集而征集，流于形式，"蜻蜓点水"式走过场。

②意见回归：最终修订以总经理一人意见为准，其他人的反馈意见未起到任何作用。

4.2.5　打样定稿

电子版本与实物版本存在一定的视觉差，尤其是用大屏幕显示时，落差只会更大，对于中老年客户来说，大一号实物版本字体阅读起来更为方便。因此，需要先试打印一份，根据打印效果，再适当地做一些调整。

4.3　产品白皮书

产品白皮书编制的目的是让客户、代理商迅速了解并认可产品及方案，可理解为其是一份标准化的技术解决方案。其目录内容可参见如下：

前言（公司介绍）

1. 背景概述

　1.1　国家政策

　1.2　系统概述

　1.3　建设效益

　1.4　产品对比

2. 解决方案

　2.1　总体架构设计

　2.2　网络架构设计

　2.3　业务流程设计

3. 方案配置清单

　3.1　方案一配置清单

　3.2　方案二配置清单

　3.3　方案三配置清单

4. 方案产品简介

5. 案例介绍

　5.1　项目概况

　5.2　建设内容

　5.3　建设成效

6. 部分用户和业绩

7. 售后服务

8. 工程实施注意事项

4.4 产品一指禅

产品一指禅有时也称产品一纸禅，作用介于市场宣传方案和销售指导手册之间，如图 4-1 所示，左侧为客户单位的业务产品管理部门，例如研发中心、科技公司，右侧为客户单位的具体业务产品使用部门，例如技术部、数据中心。

根据用户对象的不同，产品一指禅大致可分为客户版、渠道版、内部版三类。

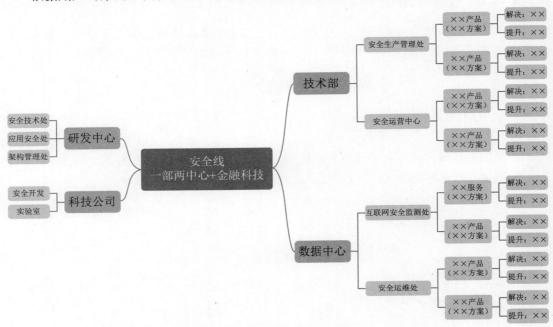

图 4-1 金融行业某产品一指禅示意

4.4.1 客户版

客户版一指禅应能通俗易懂地告诉客户，企业所能提供的产品或服务是什么，能解决什么业务或问题。让客户迅速理解和消化，甚至可能让客户在其圈子内帮助推广。其主要模块可以有：

（1）产品简介；

（2）产品功能；

（3）应用场景；

（4）成功案例。

4.4.2 渠道版

客户版一指禅应在客户版本基础之上，选择性增加市场前景、渠道政策等模块，能无声胜有声地告诉代理商，产品是先进可靠的，合作是有前景的。其主要模块可以有：

（1）产品简介；

（2）产品功能；

（3）应用场景；

（4）成功案例；

（5）市场前景；

（6）公司介绍；

（7）产品优势；

（8）渠道政策。

4.4.3 内部版

内部版一指禅应在渠道版本基础之上，选择性地增加目标客户、销售场景、产品指标等模块，能辅助新入职的销售经理迅速挖掘到客户，适应新销售岗位角色，帮助其顺利教育客户，并加快完成销售进程。其主要模块可以有：

（1）产品简介；

（2）产品功能；

（3）应用场景；

（4）成功案例；

（5）渠道政策；

（6）目标客户：包括卖给谁、怎么卖、痛点分析等；

（7）销售场景：包括如何教育客户、销售话术、需求引导等；

（8）竞争策略：包括解决方案、竞品分析（产品比对表）等；

（9）产品指标：用于招投标。

4.5 产品标准规范

标准规范可以约束生产活动、规范市场行为、引领社会发展，但其编制过程是个苦差事，需要投入大量人力、物力和时间。标准规范对于企业来说意义十分重大，通过在标准中植入自身产品特色和优势，以掌握市场先机；对个人而言，也可以锻炼专业技术能力，对个人职业生涯发展也有积极意义。

1. 标准规范分类

标准规范根据服务范围可划分为项目级、企业级、行业级、国家级。项目标准服务于某具体项目，企业标准服务于某具体企业，行业标准服务于某具体行业，国家标准可服务于多个行业。通常来说，项目标准要求高于企业标准，企业标准要求又高于行业标准或国家标准。

2. 标准编制说明

（1）编制人员要求说明。

①统筹安排。

可以分工分模块编制，但最终还需一人总领全文，保证前后文一致，否则可能引发下列弊端。

● 总体内容不一致。各模块按各自的理解来写，导致内容不一致，例如存在多个专业时，相互交叉引用形成死循环。此外所有专业"适用范围"应限定（如适用对象、适用期）并保持一致的同时，最后对单个专业独立进行特异性、必要性描述。

● 细节内容不一致。以"边缘判图"英译为例，给出了两个不一样的定义，一人翻译成 edge judgement，另一人翻译成 edge image processing。

②人员素养。

只有安排熟悉领域内容的人员，写出的内容才会显得内行。

（2）编制内容要求说明。

①完整。

内容完整无缺，方可形成闭环，例如有 B/S 而无 C/S 相关内容描述。再如状态码有 601、603 却无 602 相应描述内容。

②正确。

● 内容描述错误。例如某国家标准"范围"内容"本标准适用于检查金属武器和金属违禁品的通过式金属探测门"，"金属武器"难道不是"金属违禁品"之一？如果改成"非金属武器"就齐活了，但可能又非该标准所能约束和管理的。

● 模块内容矛盾。主要是以隐性矛盾体现较多，经常是上一个模块做了要求，下一个模块却未遵守。例如，要求函数名遵守"驼峰命名规则"，结果在其他模块中函数名的首字母全部为小写。再如某项目标准"前言"明确"本标准所有内容应符合强制性国家标准、行业标准及地方标准，若与其相抵触时，以国家标准、行业标准、地方标准为准"，实质内容与地方标准（其竞争对手所参编）严重相冲突。

● 位置错误。脱离实际情况，与实际不相符，例如，本该是位于定义章节的内容，却挪到了约束章节。

③严谨规范。

如果标准规范本身不标准不规范，何以成为标准成为规范？

● 顺序排列不正确。引用应按国家标准、行业标准、地方标准顺序，并按标准号数值大小依次顺序。

● 描述不清。例如，某企业标准内容"将禁带物品智能分析设备部署在 X 射线安全检查设备"，是部署在里面？上面？侧边？

● 产生歧义。例如某行业标准内容"检出率"定义为"禁带物品智能分析设备输出的正确目标与 X 射线透视图像中应该被禁带物品智能分析设备检出的目标的百分比"，通常情况下，大多人会理解成数量，但语句存有歧义，不确定是目标数量、重量、尺寸还是容积之比。

④凝练。

规范内容要字字珠玑，无多余废话，恰到好处，多一分无意，少一分残缺。

第 5 章

技术解决方案

技术解决方案主要是指在通过对行业客户需求调研之后，输出有针对性的技术解决方案，核心工作内容有方案命名、目录构建、正文内容、报价清单等模块。

从事多年的售前工程师也有可能对技术解决方案的理解是错误的，大多人是不是理解为纯复制、粘贴相应内容呢？

作者曾经跟很多人打过一个比方，编制一份技术解决方案就如同编制一份家居装修方案。曾几何时，作者到同一栋同一户型邻居参观，非常认同他家的装修，因此委托邻居完全照抄他家进行装修，虽说可能有其他不可见因素，但交付结果却不尽如人意，可见方案是不能完全复制和粘贴的。

5.1 方案命名

通过一个楼盘的名字，我们可以大致判断该楼盘是高档小区、普通住宅还是安置房。通过一个人的名字，我们可以隐约判断其父母家族文化水准。个人名字是否真能影响个人命运？未可知也未可测。但技术解决方案的名称，的确会在一定程度上直接影响项目的成败，当存在多个潜在供应商同时攻关时，方案名称的竞争显得尤为重要。

1. 命名说明

（1）命名名称应与主要内容保持一致。

（2）命名名称用词要简明扼要，要有特色，要具有时代感。

（3）命名名称要注意名词顺序，凸显侧重点。

2. 命名原则

（1）命名名称能概括方案主要内容，不能出现文不对题现象。

（2）命名名称不能为了求简而削足适履，不能为了求特而忘了根本，不能为了求新片面追求所谓的高大上，取一些流行词汇，如"大脑""超脑""数智""中台""底座""基座"等。

（3）命名名称要与本身业务、客户紧密联系，不能脱离项目背景。

3. 命名案例

（1）某市科技产业园智慧项目。

该项目包括 2 个子项目，分别由 2 个潜在供应商并行运作，且存在重复建设内容。获悉这一信息后，A公司速将原方案名称《某产业园智慧产业园建设方案》调整为《某产业园互动体验中心建设方案》，凸显自身方案特色是侧重互动体验的同时，有效规避了项目之间可能存在合并、削减的风险。

（2）某省文化云项目。

该项目命名为"文化××省云"凸显"文化"，命名为"××省文化云"偏重"××省"，类似项目命名为"5G智慧园区"凸显"5G"，命名为"智慧5G园区"偏重"智慧"。

5.2　目录构建

技术解决方案如有明确目录要求的直接复用模板目录，无明确要求的可按以下顺序构建目录：

（1）核心目录。

根据报价清单中的建设内容，首先确定方案的核心模块目录。

（2）基本目录。

参考成熟方案目录，自行补充基本模块目录，如此一来可把方案整体框架先搭建起来。

（3）边缘目录。

在方案内容编制过程中，陆续补充外围边缘模块目录。

（4）目录转换。

根据方案反馈意见调整目录，实现核心目录、基本目录、边缘目录三者之间角色相互转换。

5.3　正文核心模块

方案正文核心模块即总体设计内容，一般包括系统架构、网络拓扑、技术架构、数据架构、部署架构、业务流程、接口设计等。

此时，可能会有异议，认为解决方案里面只要有产品功能、指标介绍就可以，不需要总体设计，关键有时候的总体设计内容还不知道怎么写。

此处，作者还是以家居装修方案为例，贴近生活让人容易理解些：

（1）系统架构，可以理解为类似装修公司出具的整体装修效果图。

（2）网络拓扑，可以理解为类似家居装修中的电路、水路、网络铺设。

（3）技术架构，可以理解为类似家居装修中的所采用风格，是中式风格、美式风格还是欧式风格？

（4）部署架构，可以理解为类似家居装修中的各个房间具体安装什么材料，安装在各个房间的具体位置。

（5）业务流程，可以理解为类似家居装修后的居住使用流程，如入户进门先换鞋。

（6）接口设计，可以理解为类似家居装修中的外部接口，如空调出口、油烟出口等，以及各房间区域之间的内部接口，如开关门、玄关等。

毕竟各个房间都需要用电、用水，还要有空调出口等，总不能一个房间一段电路、一段水路吧？所以说需要进行总体设计。总体设计做好了，各个房间的详细设计反而就非常简单。

5.3.1 系统架构设计

系统架构设计时，如果其中的某一个元素发生变化，那么整个方案设计内容都需要重新调整，可谓牵一发而动全身，可见其重要性。

1. 设计说明

画皮画虎难画骨，如何设计出一个有血有肉有灵魂的系统架构呢？先画骨再画虎最后画皮。

（1）画骨。

系统架构图从上而下一般可分为交互层、应用层、服务层、数据层、基础设施层，可以根据实际需求进行灵活调整。

①交互层：使用用户、交互方式。

②应用层：项目需要交付的系统前端软件，清楚每个软件干什么。

③服务层：系统软件后台服务、无界面服务，每个服务应有准确定位和说明。

④数据层：数据来源、数据种类。

⑤基础设施层：系统所需的信息化基础设施（如服务器）、智能感知终端等。

（2）画虎。

确定好结构之后，接下来就从技术的角度，创造方案的灵魂，保证每一条内容都拥有其独特的个性。

①阶层：是低层次的还是高层次的？

②阅历：是业余的还是专业的？

③性格：是开放的还是封闭的？是个性鲜明的还是乌合之众？

（3）画皮。

最后，根据内容设计，补充如线条、颜色等一些外在表现元素，让整个系统架构变得完整丰满。

①如果项目是分期建设，建议用不同颜色分别标出一期、二期、三期所建设内容，一目了然。

②非本项目所建设内容即外部内容，用虚线框起来，以示区分。

2. 设计原则

无论是从本质上、内容上，还是形式上，均需要遵守以下原则。

（1）本质上，内在功夫决定外在形式。

①在勾画"皮肉"之前，首先需要确定一个内核，就像画虎时画骨骼一样，先构建架构最核心部分。

②大多数内容功能将在内核驱动模式下运行。

（2）内容上，要简洁明了。

①包括线条在内，不宜过于繁杂，让人眼花缭乱，不要轻易去考验客户的耐心。

②线条适当采用些有趣曲线，毕竟直线看上去不温柔、硬邦邦的。

（3）形式上，要清晰脱俗。

① Word 解决方案通常采用系统架构 1.0 形式。

② PPT 版本解决方案可选用系统架构 2.0、3.0 形式。

3. 设计案例

（1）某城市视频 AI 分析系统 1.0，其系统架构设计如图 5-1 所示。

图 5-1　某城市视频 AI 分析系统 1.0 系统架构设计

这是一个中规中矩的系统架构示意图，有以下几点可取之处。

①生动形象。

交互层：将用户对象划分为公安侧、政务侧，符合实际使用场景。

②有层次感。

应用层：用户层次级别与应用系统层次级别一一对应，具体如下。

● 公安侧对应视频综合应用系统。

● 政务侧（市级）对应视频智能指挥系统。

● 政务侧（区级）对应城市治理应用系统。

● 政务侧（街道）对应街道治理应用系统。

● 政务侧（社区）对应视频应用系统。

③有节奏感。

数据服务层：算法超市、数据汇聚、数据治理、数据共享、数据管理，层层递进升华，先汇聚数据后再治理、分享，实现完整的数据链管理。

④有画面感。

算法超市一词让人脑海中浮现一幅到超市选购各式各样算法的画面。

⑤通俗易懂。

数据资源层：标签数据、视频数据、业务数据、用户数据、其他服务数据，用词紧贴客户实际生产业务，让客户有熟悉的感觉，增强情景代入感。

（2）某城市数据安全系统2.0，其系统架构设计如图5-2所示。

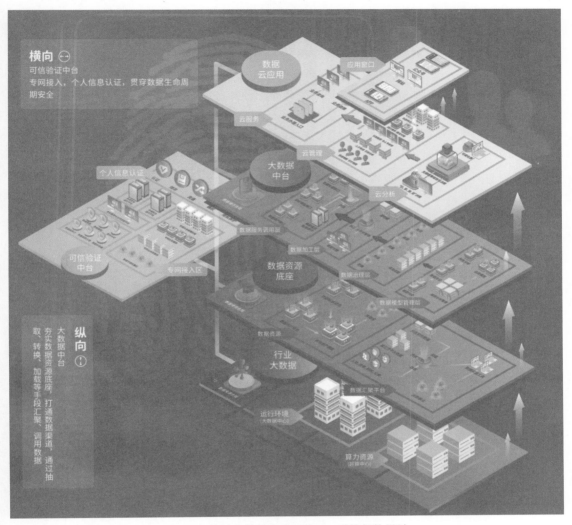

图 5-2　某城市数据安全系统 2.0 系统架构设计

这是一个2.0形式的系统架构示意图，有以下几点可取之处。

①生动形象。

纵向、横向布局，同时辅以类同形状的文字描述，图文一呼一应。

②有层次感。

● 整体立体化呈现，视觉空间感强。

● 行业大数据（用来构筑数据资源底座）→数据资源底座（用来搭建大数据中台）→大数据中台（用来赋能数据云应用）→数据云应用，缺点是"数据资源底座"层应位于图最下面，如此形态与名称"底座"一致，或者改称为"数据资源池"更妥。

③有节奏感。

● 大数据中台：数据模型管理层、数据治理层、数据服务调用层、数据加工层。

● 数据云应用：云分析、云管理、云服务。

● 整体次序紧贴业务，层层递进，旋律感强烈。

④通俗易懂。

● 可信验证中台：数据加密、数据脱敏、数据水印，数据库审计、数据库防火墙、数据库防泄露；全是常见的业务场景。

● 场景化描述让方案不再是一个静态的概念，而客户恰恰愿意为一个具体场景下的方案买单。

（3）某城市智慧地铁系统3.0，其系统架构设计如图5-3所示。

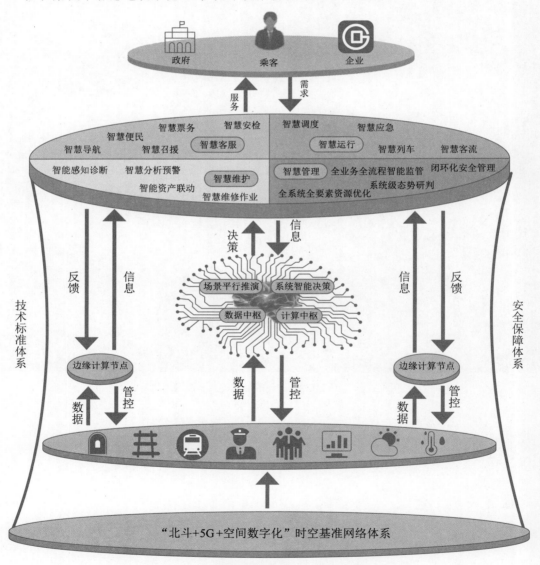

图5-3　某城市智慧地铁系统3.0系统架构

这是一个 3.0 形式的系统架构示意图，有以下几点可取之处。

①整体简洁干净。

摒弃了传统智慧城市架构图模式，不再是密密麻麻的文字堆砌、层层嵌套的图标相叠。

②紧跟时代热点与趋势。

5G 热点和国产自主可控的北斗卫星导航系统碰撞出激烈火花。

基于"北斗 +5G+ 空间数字化"的时空基准网络体系，与某城市地铁业务深度融合，为智慧大脑和边缘计算节点提供原始数据资源。保持国际先进水平的同时，满足新时代自主化、国产化要求。

③图标形象化。

边缘计算节点图标位于系统架构图的边缘位置。

智慧大脑是智慧地铁的数据计算中枢和决策机构，主要实现对智慧地铁系统的数据存储与治理、大规模计算、平行推演和智能决策等功能。智慧大脑图标采用大脑形状，体现智慧地铁的自组织、自运行、自感知、自判断。

④深刻理解智慧地铁本质内涵。

智慧客服、智慧运行、智慧维护、智慧管理等业务是智慧地铁的源泉和载体。通过将需求转换为信息，将信息转换为决策，将决策转换为行动，将行动转换为服务，最后又将服务转换为需求，实现了全业务闭环管理。

⑤以人为本。

厘清了人与列车、设施设备和管理系统要素之间的交互关系，改变过去让乘客去适应列车、设施设备和管理系统，反过来要求列车、设施设备和管理系统去适应乘客。

5.3.2 网络拓扑设计

信息化系统都是基于网络、立足于网络、脱胎于网络，根据系统用户使用时对互联网的依赖程度，可简单分为强依赖型（完全依赖）、依赖型（部分依赖）、无依赖型三类。

1. 设计说明

（1）不熟悉客户现有网络情况下，应先去客户单位实地调研，如需要扩容则提出扩容方案，如不支持扩容则提出新建方案，设计出正确的网络需求和网络拓扑图；如因各种原因实在摸不清网络情况时，应明确提出本系统部分的网络需求，如网络设备需求具体包括数量、性能等，以及网络出口带宽需求等。

（2）能正确说明信息系统与网络布局之间的关系、信息系统各个模块体现在网络的相应层级，例如客户端在接入层、服务端在核心层。

（3）能厘清系统内部的网络关系，如某站点内设备都是通过直连的方式接入站点交换机，以及与客户其他系统之间的网络关系。

2. 设计原则

（1）基于客户现有网络资源情况进行设计，充分考虑并发数、实时性以及冗余，确保能够有效执行可落地。

（2）网络各层级清晰（接入层、汇聚层、核心层等）。

（3）复杂型网络应分区分块描述，并应配有正确图例可供解释说明，常见有万兆、千兆光纤线图例。

3. 设计案例

（1）某省级文化云平台（强依赖型）。

该平台主要服务于普通大众用户，当外网出现故障时，平台系统本地仍正常运行，也无法为远程用户提供服务，故其网络拓扑设计对互联网属于完全依赖，如图5-4所示。

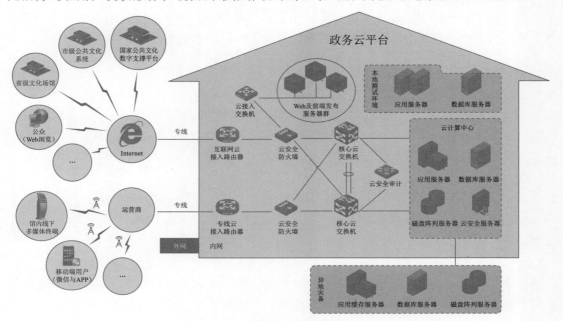

图 5-4　某省级文化云平台

该平台部署在政务云平台，网络基础设施主要是基于政务云，快速完成云平台硬件及网络服务体系的构建。

①数据接入。

向下通过专线接入全省各地市的公共文化系统资源，以及省级文化场馆资源，实现文化数据资源的采集。

②数据共享。

向上通过专线连接国家公共文化数字支撑平台，实现优秀文化数据资源在全国范围内的共建共享。

③数据服务。

向外通过互联网，借助微信与APP、Web以及馆内线下多媒体终端等渠道向广大公众用户提供文化数据访问服务。

④数据灾备。

向异地建设灾备中心通过专线，实时同步文化数据资源，为数据异地灾备提供基本保障。

（2）某省基层公共文化服务云平台（依赖型）。

该平台主要服务于广大基层用户，但基层网络不一定都能全面覆盖到位，故其网络拓扑设计对互联网属于部分依赖，如图5-5所示。

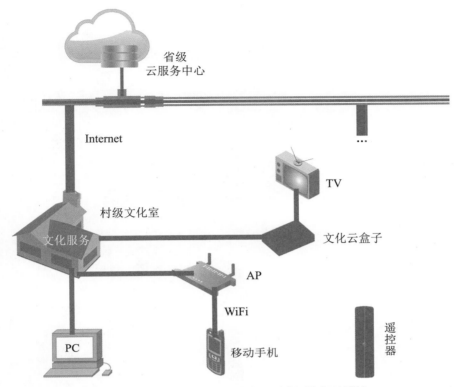

图 5-5 某省基层公共文化服务云平台网络拓扑设计

这是一个一看就懂的网络架构图，基于 1+N 建设模式：即 1 个省级云服务中心 +N 个村级文化服务节点。

①云平台网络。

把全省所有的文化资源、内容、数据都汇聚在云平台进行集中管理，向 N 个村级文化服务节点集中提供服务。

②N 个服务节点网络。

一个村就是一个服务节点，如果服务节点开通了网络，那么可以通过网络享受到云平台提供的文化数据服务；如果服务节点没有开通网络，也能通过云平台数据中心提供的下载功能，把最新版本的内容下载到文化云盒子，离线进行播放。

③节点设备单元。

● 文化云盒子：通过文化云盒子接通电视（TV），用户通过遥控器实现播放公共文化服务（视频、音频、图、文）内容。

● 移动手机：用户可通过手机等移动终端设备连接 WiFi，实现在手机上浏览公共文化服务内容。

● PC：基层管理终端用户通过 PC（个人计算机），实现效能管理、数据报送、百姓点单、精准配送等公共文化服务内容。

（3）某市国企公共通信子系统（无依赖型）。

该系统完全服务于该国企公司内部用户，不对外，纯内网环境下运行，故其网络拓扑设计对互联网属于无依赖，如图 5-6 所示。

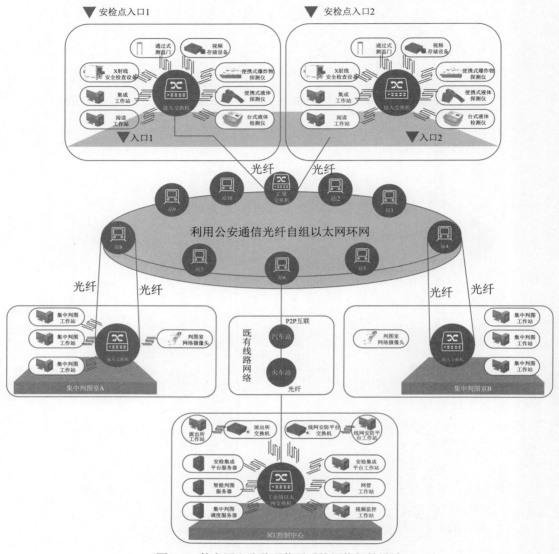

图 5-6　某市国企公共通信子系统网络拓扑设计

　　这是一个网络层级分明的拓扑图，网络架构从上而下可分为新建站点局域网、新建线路环形网、既有线路网络、NCC（网络控制中心）控制中心网络四个组成部分。

　　①新建站点局域网。

　　站点内安全检查相关设备，通过接入交换机组建站点局域网，并通过汇聚交换机接入新建线路环形网。

　　②新建线路环形网。

　　利用公安通信系统光缆，将新建站点组成环形网络。

　　③既有线路网络。

　　采用交换机点对点互联，完成既有安检网络的接入。

　　④NCC控制中心网络。

　　NCC控制中心设备通过NCC控制中心汇聚交换机，接入网中。

5.3.3　技术架构设计

技术架构设计主要包括前端、后端、底层等所采用的技术，可用来指导项目开发工作。

1. 设计说明

（1）展现包括系统内部，与外部系统对接所采用的技术。

（2）尽可能详细描述，以佐证关键技术及解决途径的可行性。

（3）风格应与系统架构、网络拓扑架构、部署架构等保持一致。

2. 设计原则

（1）完整呈现系统开发时所采用的技术。

（2）与实际系统开发所采用技术相一致。

（3）同一系统中，所有图例设计风格需保持一致。

3. 设计案例

（1）小程序管理系统 A。

其技术架构设计如图 5-7 所示。

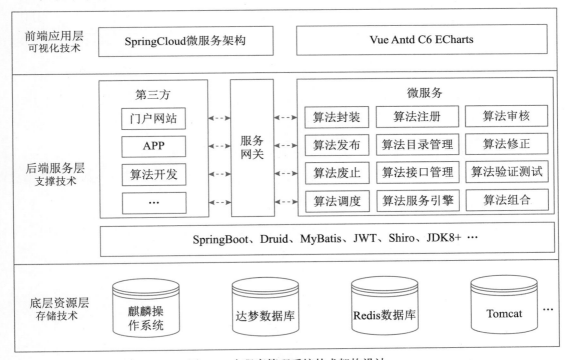

图 5-7　小程序管理系统技术架构设计

这是一个技术层级分明的架构图，技术架构从下而上可分为底层资源层、后端服务层、前端应用层三层。

①底层资源层。

由麒麟操作系统、达梦数据库、Redis 数据库、Tomcat 等构成。

②后端服务层。

依托底层资源层存储技术，构建实现各种业务逻辑的微服务。

③前端应用层。

依托后端服务层支撑技术，构建业务响应能力，为用户与系统的人机交互提供可视化技术支撑。

（2）小程序管理系统B。

其技术架构设计如图5-8所示。

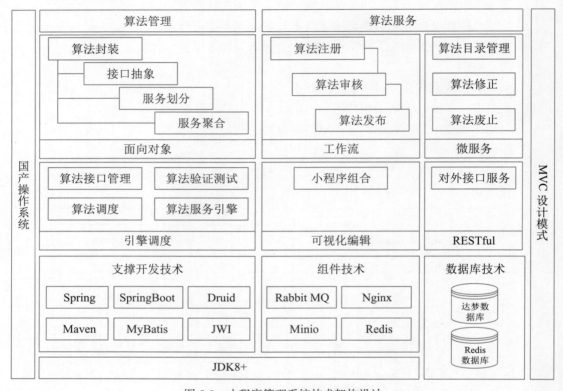

图5-8 小程序管理系统技术架构设计

这是一个采用MVC设计模式的架构图，技术架构从下而上可分为模型（Model）、控制器（Controller）、视图（View）三层。

①模型层。

由支撑开发技术、组件技术、数据库技术、国产操作系统等构成。

②控制器层。

由引擎调度、可视化编辑、RESTful等构成。

③视图层。

面向对象、工作流、微服务，构建小程序管理和算法服务。

5.3.4 部署架构设计

部署架构设计主要包括硬件部署、软件部署，可用来指导项目开发和项目实施工作。

1. 设计说明

（1）结合实际项目资源进行说明。

（2）详细描述各模块部署具体位置、具体环境等。

（3）不同模块类别（外采、自有、新研、合作等），用不同颜色予以区分，加设图例进行说明。

2. 设计原则

（1）部署整体规划设计，分层、分级、分模块呈现。

（2）模块内容齐全，不缺项、漏项。

（3）数据流、通信协议、交互对象、交互的内容描述正确。

3. 设计案例

（1）某 AI 智能巡检系统，其部署架构设计如图 5-9 所示。

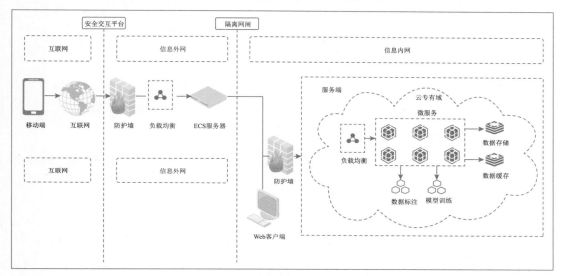

图 5-9　某 AI 智能巡检系统部署架构设计

系统采用三级部署方式：

①信息内网（一级）。

复用现有软硬件资源，通过隔离网闸与信息外网进行数据交互。

容器化部署微服务，通过 EDAS（Enterprise Distributed Application Service，企业级分布式应用服务平台）部署在云 K8s（Kubernetes，用于自动部署、扩展和管理"容器化应用程序"的开源系统），实现服务上云。

结构化数据存储于云 RDS（Relational Database Service，关系数据库服务）数据库，非结构数据存储于云 OSS（Object Storage Service，对象存储服务）。

②信息外网（二级）。

通过安全交互平台与互联网进行数据交互。

部署 AI 智能巡检系统前置接口服务，用于支撑已发布的微服务。

③互联网（三级）。

通过 4G/5G 网络和后端服务器完成数据交互。

移动端部署 AI 智能巡检系统 APP，用于人员的实名认证，提供任务接收与分配、智能巡检等服务。

（2）某 AI 智能在线监测系统，其部署架构设计如图 5-10 所示。

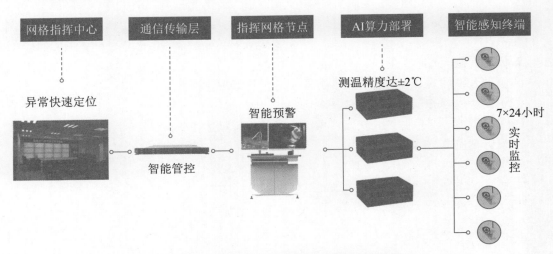

图 5-10   某 AI 智能在线监测系统部署架构设计

系统采用五级部署方式：

①智能感知终端（一级）。

部署于各个监测点前端，对被监测对象实行 7×24 小时不间断温度监测，采集被监测对象的可见光成像和红外热成像数据，通过有线方式传输至人工智能黑盒中解析。

②AI 算力部署（二级）。

部署人工智能黑盒，通过接入一路或多路智能感知终端，为智能感知终端提供实时的 AI 边缘算力支撑服务。

③指挥网格节点（三级）。

部署指挥网格控制台，通过接入一个或多个人工智能黑盒，对该网格节点情况进行双屏监控，可同步监控可见光成像和红外热成像。

④通信传输层（四级）。

部署网络通信传输设备，单独新建组网或接入既有网络。

⑤网格指挥中心（五级）。

部署监控显示大屏，实时呈现全网运行情况，对各指挥异常情况及时智能预警并快速定位异常部位来解决。

5.3.5   业务流程设计

业务流程设计是指建立在方案中的系统软件、硬件设备基础上，以系统化的管理思想，最大化地帮助用户解决生产运营中的问题。

1. 设计说明

（1）设计之前，需要详细分析用户的业务流程各环节和要求。

（2）对用户现有的业务流程进行根本的再思考和彻底的再设计。

（3）核验流程，保证所设计流程与实际业务情况相符，以达到运作要求。

2. 设计原则

（1）业务流程切合实际，能起到改善、优化作用，帮助到用户。

（2）重组或调整业务流程时，应以改造对象为中心。

（3）流程设计以关心用户的需求和满意度为目标。

3. 设计案例

（1）某设备检测业务流程较为简单，其检测业务流程如图 5-11 所示。

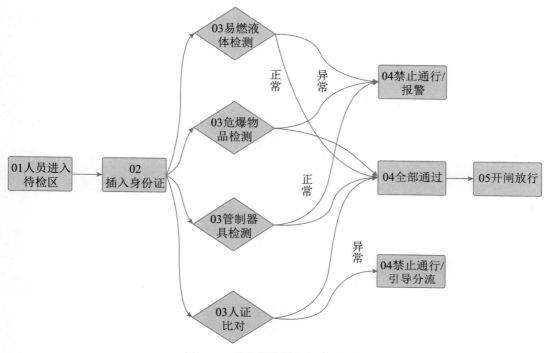

图 5-11　某设备检测业务流程设计

业务流程设计说明：

①人员进入待检区。

乘客只有先进入待检区进行排队检测并通过所有检测项目，才允许进入目的区。

②插入身份证。

待检人员手持个人身份证插入某设备中。

设备通过身份信息采集装置读取乘客的身份证信息。

③易燃液体检测、危爆物品检测、管制器具检测、人证比对。

设备通过固态痕量探测装置和气态痕量检测装置采集乘客身份证上残留物，启动易燃液体检测、危爆物品检测。

设备通过金属探测装置对通道中的乘客随身物品情况进行管制器具检测。

设备通过人脸识别装置进行人脸识别进行人证比对。

④检测结果。

以上只要有一项未通过，则禁止通行并同步告警通知相关安检人员。

只有全部确认一致和正常，设备才开闸放行。

只是人证比对未通过的，则禁止通行，并引导分流。

⑤开闸放行。

（2）某系统检测业务流程较为复杂，其检测业务流程如图 5-12 所示。

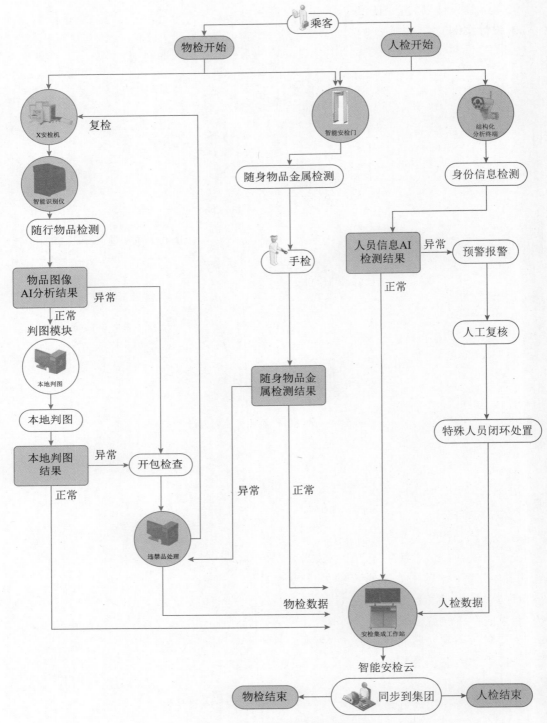

图 5-12　某系统检测业务流程设计

业务流程设计说明：

①物检流程。

物检流程包括 X 安检机过检、本地判图、开包检查、违禁品处理、验讫放行。

● X 安检机过检：乘客将随行包裹置于 X 安检机设备进行扫描过检。
● 本地判图：智能识别仪设备对乘客包裹过检 X 图片进行智能判图，本地判图员对智能判图结果进行核验。
● 开包检查：根据 X 安检机设备的声光电报警提示，安检员对涉嫌违禁品包裹进行开包检查。
● 违禁品处理：违禁品一经确认，支持安检员通过违禁品处理工作站进行违禁品在线闭环管理，并可将违禁品携带者的身份信息录入系统。
● 验讫放行：支持安检员对无异常包裹进行放行。

② 人检流程。

人检流程包括乘客安检门过检、随身物品 / 身份信息检测、人工复核、验讫放行。
● 乘客安检门过检：乘客行走穿过智能安检门进行人员例行检查。
● 随身物品 / 身份信息检测：智能安检门对乘客随身物品情况进行快速检测，结构化分析终端完成对乘客身份信息无感检测。
● 人工复核：根据智能安检门的声光电报警或人员信息 AI 检测报警提示，安检员对异常乘客进行无接触人工复检。
● 验讫放行：支持安检员对无异常人员进行放行。

5.3.6　接口设计

系统接口应能对外提供开放，互联互通，共建共享数据。

1. 设计说明

（1）遵循上级系统的接入标准的同时，约束下级系统的数据交互内容。

（2）能与关联系统进行数据交互，确保业务流程的有序运转。

2. 设计原则

（1）建立对接标准，对外提供标准统一的访问接口与服务，支持基于多种开发平台和后台数据库技术的关联系统，建成可持续的信息服务系统。

（2）数据交换应采用常用的接口协议及数据格式实现，如 MQ、HTTP、TCP/IP、JSON 等。

3. 设计案例

（1）某景区智慧旅游服务平台。

平台需要对接水利风景区动态监管系统，其系统接口设计如图 5-13 所示。

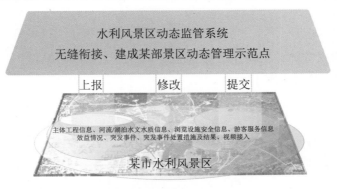

图 5-13　某景区智慧旅游服务平台系统接口设计

接口设计说明：

①信息上报：上报景区信息到水利风景区动态监管系统。

②信息修改：修改已上报到水利风景区动态监管系统的景区信息。

③信息提交：向水利风景区动态监管系统提交景区信息。

④信息删除：由于水利风景区动态监管系统暂不提供该接口而由第三方实现，如需删除信息，请使用账号和密码登录监管系统进行删除。

5.4　正文边缘模块

方案正文边缘模块，一般主要包括项目概述、需求分析、详细设计、典型案例以及其他内容，如实施、售后、运营等。

5.4.1　项目概述

项目概述一般包括以下内容：

（1）项目名称；

（2）建设单位；

（3）设计依据（政策依据、相关建设规范与标准）；

（4）项目背景（国家相关政策、省市相关政策、项目建设必要性）；

（5）建设目标与任务（建设目标、建设规模、建设内容），建设目标内容极其重要，它决定客户是否还有兴趣进一步阅读方案的后续内容；

（6）总投资及资金来源；

（7）建设周期；

（8）重点和难点分析；

（9）主要结论与建议。

5.4.2　需求分析

需求分析内容决定了客户判断是否真正了解自己的需求。在实际项目中，可从下列维度摘取部分展开有针对性的需求分析。

（1）现状描述与分析；

（2）业务需求分析（业务需求描述、业务场景描述、业务流程分析）；

（3）用户需求分析（平台用户角色）；

（4）功能需求分析；

（5）数据量需求分析（结构化数据量需求[即核心应用系统存储]、非结构化数据量需求[即数字资源库存储需求]）；

（6）网络带宽需求分析；

（7）性能需求分析（系统性功需求分析、服务器配置需求分析）；

（8）关联系统和接口需求分析；

（9）信息系统安全需求分析；

（10）运行管理需求分析（基础软硬件支撑服务需求、平台业务软件支撑服务需求）。

5.4.3 详细设计

详细设计是总体设计的延伸，是对总体设计内容的细化描述。

相比于总体设计，详细设计模块更侧重于个体，对照项目建设内容清单，分门别类逐一进行详细描述即可。

所描述内容应能满足项目建设需求，即需求分析章节的问题在本章节可以得到一一解答。

5.4.4 典型案例

典型案例的作用是证明公司具有独立承担类似项目的能力。

1. 设计说明

（1）案例可供随时参观考察，甚至案例用户还可以胜任解说员。

（2）案例数量较多时，可先列表，一句话概述，再分别展开罗列。

（3）可从建设内容、建设成效、项目预算等方面对案例进行描述。

2. 设计原则

（1）典型案例数量宜精不宜多，优选重大工程且客情关系良好的项目。

（2）多案例介绍时，统一内容、统一风格，减轻客户阅读压力。

（3）挑选核心的、客户感兴趣点（如案例项目现场照片）进行重点描述。

5.4.5 其他

可直接复用成熟方案中如信息安全保障、项目实施与管理、售后服务、平台运营、项目效益与风险分项等模块内容。

5.5 报价清单

简约型项目报价一般只包括软硬件费用，复杂型项目报价还包括系统集成费、咨询费、监理费、第三方测评费、招标代理服务费等。

1. 报价说明

（1）报价时机。

一般来说，初次进行方案沟通时不会出具详细的报价及报价清单。

（2）报价内容。

报价内容可参考 WBS 表拆分，最好与方案建设内容顺序保持一致。

（3）报价形式。

可以独立也可以置于主体方案中，大型项目可编制多个子报价表。

（4）报价策略。

①核心模块价格倾向上浮、边缘模块价格倾向下浮，如此基本可锁住大部分利润。

②通用型硬件可与软件组合或另取新名，可有效规避因硬件价格透明而产生砍价风险。

③总额不变，采取赠送方式，降低配置数量，从而提升单价，提高项目后期供货利润。

④项目总金额较大，用户预算有限时，采取分期建设分期报价。

⑤要考虑各模块税点各不相同，退税政策也不尽相同。

（5）报价时效。

原材料上涨或者升级迭代造成报价型号停产，都会对硬件设备交货带来不小的负面影响，报价清单应该有一定的时效限制。

2. 报价原则

（1）一致性原则。

①标准化产品或方案，可以有标准化的报价。

②如果之前签过合同，面对同一客户时，尽量保持报价模块名称一致、价格一致。

③报价数值大小与货币单位保持一致。

④分项报价合计金额与总价金额保持一致，常见于细分项层级较深的报价。

⑤报价金额大小写保持一致。

（2）完整性原则。

①报价内容模块应齐全，不得缺项漏项。例如只有 2 个产品报价中的其他成本项（包括产品评审费、测评费、差旅费等）只摊到其中 1 个产品报价中，另外一个产品报价没有包含这些成本，当然这也是不合理的。均摊时，可以按报价金额或报价数量进行合理分摊，原则上谁收益多谁多承担成本。

②如有报价模板要求，则严格按规定填写，例如有的人为省事，只报一个总价再加个备注（含税），没有按照客户要求将成本、收益、税金分开报价。

（3）独立性原则。

①报价清单和方案主体内容分开编制，便于后期修订。

②如果方案内容过于简洁，则可以考虑与方案主体内容合并。

（4）合理性原则。

①报价因子应不一样，不同的产品或服务的复用因子、调整因子按理是不可能一样，多多少少会存在差异的，哪怕是 0.01 的差异。

②报价应在市场合理范围内，例如专家评审费 300 元 / 次，而实际上专家评审出场费用大多都是 1000 元 / 次；此外经常可在招标文件中看到"供应商的报价明显低于其他响应报价，供应商不能合理说明或者不能提供相关证明材料的，或者被评审委员会认定为低于其个别成本的，或者拒不按照要求对响应文件进行澄清、说明或者补正的"，与之相反普通商用笔记本报价几万元的场景画面，一般也只会出现在电视剧情中。

③报价数量可备注：根据用户的实际需求进行动态调整。

（5）一次性原则。

①明确报价的有效时期。

②一次报价当次有效，而非永久性有效。

第6章

项目投标文件

观看视频

下载PPT

项目投标文件编制主要包括招标文件解读、投标任务分工、投标文件编制、投标文件审核四个阶段，原则上无特殊要求的投标文件需要在两日内完成。

6.1 招标文件解读

从市场上购买到一份招标文件后，首当其冲的是对招标文件进行认真解读，具体由项目负责人组织包括产品经理、测试经理、售前工程师等在内人员进行集体解读，根据解读后的结果决定是否继续参与投标。集中采购类项目在同一货物存在多批次招标时，还可以通过不同批次之间的招标文件差异对比来解读。

6.1.1 评分解读

解读招标文件中的评分标准，预估参与投标后最可能的得分，如表6-1所示。

表6-1 评分解读

序号	评分项目	标准分数	评分标准	预计得分	备注

与项目潜在的竞争对手比对，若得分差距较大，则可能要放弃后续投标。

6.1.2 商务条款解读

对招标文件中的商务条款，分门别类进行解读，如表6-2所示。

表6-2 商务条款解读

序号	商 务 条 款	详 细 内 容	注 意 事 项
1	项目名称		
2	招标编号		
3	数量		
4	限价		
5	保证金		

续表

序号	商务条款	详细内容	注意事项
6	质疑时间		
7	开标时间		
8	付款方式		
9	报价		
10	偏离表		
11	正副本		
12	格式要求		
13	投标文件装订		
14	样品		
15	质保期		
16	交货期		
17	盖章		
18	法定代表人章		
19	中标		
20	资格要求		
21	废标项		
22	售后服务		
23	封装		

6.1.3 技术条款解读

考虑后期的项目交付，要对招标文件中技术条款进行逐条解读，判断货物/服务差异程度及差异满足的可行性，如表6-3所示。

表6-3 技术条款解读

序号	技术条款	招标文件要求	差异	备注

6.1.4 原件解读

整理出投标所需原件清单，当遇到多个项目投标都需要，原件供需存在冲突时，优先保障重点项目，如表6-4所示。

表6-4 原件解读

序号	资质原件名称	数量	文件页数	备注

6.1.5　投标文件组成解读

确定参与投标后，尽快解读投标文件构成，需要第三方协助提供的素材如授权函和售后服务承诺函，提前做好部署，安排好专人专项对接，这一点对集成类项目显得尤其重要，自己做的可以加班加点完成，外协部分则需要提前申请，如表 6-5 所示。

表 6-5　投标文件组成解读

序号	资信证明文件主要内容	备注
序号	技术证明文件主要内容	备注

6.2　投标任务分工

投标文件一般分为商务标、技术标、价格三部分。因此在编制投标文件时，视投标人参与项目程度的深浅，常见可分有独立投标、集成投标、联合体投标、被集成投标及其他几种方式，不同方式参与投标时，其编制工作存有一定的侧重和区分。

根据招标文件的解读结果，评估投标文件编制总体工作量，再根据现有的人力资源情况（岗位角色、数量、能力水平、工作态度等）进行合理分工，开始着手编制投标文件，具体项目分工及工作进度安排如表 11-7、表 11-8 所示。

不同方式的项目投标，任务分工也有所不同，具体表现如下。

6.2.1　独立投标

独立投标时，投标文件全部内容或大部分内容为投标人自身所提供，常见于几十万元至几百万元级项目投标，此时投标人负责编制投标文件全部内容。

6.2.2　集成投标

集成多个厂家多个产品去投标时，投标文件部分内容或小部分内容为投标人自身所提供，其他内容还需要众多供应商（或称分包商）提供，常见于千万元级及以上项目投标。

1. 列出供应商所需提供的文件清单表

（1）文件名称、份数、形态（纸质版或是电子扫描件）、截止时间。

（2）各负责板块联系人姓名、电话、邮箱。

2. 做好投标文件模板（或称投标联系函）

做好相应的投标文件文档模板，如目录结构安排及格式要求（含各级标题、正文段落、表格、图表标题、分项报价表等），并配以模板使用说明和内容说明，方便供应商按要求提供材料和投标人快速整合材料。示例如下：

（1）模板使用说明。

①本次文件编制采用标准 A4 幅单面印刷，具体要求和格式请参见示例及批注；对照"评标标准"表，保证评分项都有对应章节内容。

②内容顺序、格式请与模板保持一致，请不要修改模板，不允许有空缺，没有的填写"无"或"/"，请不要删除文字或者改变模板格式，如有特殊情况请提前电话沟通。

③建议先使用模板建立一个新文档，再将文件内容复制到此文档中，复制时注意在复制后的粘贴选项中应选择"匹配目标格式"，在复制过程中，可打开"格式"窗格留意是否增加了无用的样式，并及时处理。这样就能保证文档编制的快速统一。

④商务部分请先与商务负责人联系，确认电子版无误后，再打印、盖章、邮寄，避免无谓的重复性工作；清单中的文件待审核无误后再打印盖章并发送盖章扫描件；扫描件发送时间最迟不晚于××××年××月××日。

⑤在生成目录时如果需要切断目录的链接功能，选中目录并按下Ctrl+F11组合键。需要更新域时，按下Fn+F9组合键。

⑥在文档编制过程中，可能会因为页面布局、页面分节符等，导致上下页眉页脚不一致不连贯，故应注意。

（2）模板内容说明。

需要供应商补充内容之处，应加底色或批注突出显示，提醒该部分须如实填写，并保证填充内容完整。

①分项报价表：各供应商对应填写，（如有）填写优先购买产品名称和政策功能编码及提供对应的证明材料。

②技术偏离表：各供应商对应填写。各供应商在填写技术偏离表时，应参考招标文件××页的技术评审条款，各供应商应保证所投产品的技术指标至少有两条优于招标文件要求，优于点加粗标注并说明，同时在技术方案中描述体现，并做具体的页码指向。

③技术方案：请仔细阅读评分标准、用户需求书要求，按招标文件所给格式编制技术方案，对于评分标准原文中要求的证书、认证、检测报告，在相应位置插入（或单列，但要指明位置）；对于用户需求书原文中要求说明的系统架构、工作原理、系统功能、主要技术指标和系统参数、接口要求及工程界面、培训方案等内容，必须完整应答，不能遗漏，最好在标题上予以直接体现。

④相关业绩：投标人所投产品应是经过项目验证或权威机构认可的高可靠性成熟产品，投标人应在投标文件中提供所投产品成功应用的项目业绩证明。

⑤售后服务承诺函：根据用户需求书要求，售后服务承诺函的内容一般包括授权产品名称、型号、服务期限、响应时间等。

⑥投标设备清单：各供应商对应填写。

⑦投标设备部件、元器件及材料清单响应表：各供应商对应填写。

⑧投标设备所需生产设备、测试仪器清单：各供应商对应填写。

⑨投标设备所需专用工具清单：各供应商对应填写。

⑩型式检验报告或相关检验检测报告：各供应商对应提供。

3. 整合资料

（1）对不符合要求的材料，及时打回去让供应商重新修改重新提交。

（2）对符合要求的材料，进行汇总。

（3）对有新增、更新、删除的材料，要求供应商以批注方式或者修订模式予以说明体现，方便在已合稿版本基础之上直接修改，减少投标文件合稿工作量；如果变动很大，在格式无误的情况下，建议直接复制替换。

6.2.3 联合体投标

联合体投标时，投标文件全部内容或大部分内容为联合体双方所提供，常见于千万元级及以上项目投标，建议联合体双方集中办公，共同负责投标文件内容制作所有事项。此类项目投标现实中不甚常见。

6.2.4 被集成投标

产品或服务被集成投标时，只要简简单单按照总集成商的要求，按时提供材料即可。

1. 硬件集成

被集成只有硬件时，基本上只需提供己方现有的产品资料、项目授权函/售后服务承诺函、检测报告等即可。

（1）产品资料：技术白皮书、宣传画册、官方网站截图等，如果现有参数与招标参数不一致时需要去更新。

（2）项目授权函/售后服务承诺函：如果招标文件中有模板，则按模板要求编制；如果招标文件中没有模板，总集成商也未提供模板时，供应商可采用自己的标准授权模板。

注意，授权有效期不能短于投标有效期。

（3）检测报告：证明材料需要用醒目（如红色）线框选中并突出，若材料中字体较小，需单独把文字标记出来，便于专家评审时一眼可以看到、看清。

2. 软硬件一体

被集成既有硬件又有软件时，除上述内容之外，还需要按照招标文件或总集成商的要求，提供完整的可行性解决方案。最后尽可能安排售前工程师协助总集成商检查投标文件。

6.2.5 副标

在实际项目投标工作中，售前工程师还可能被安排了其他任务，例如编制项目投标的副标文件。一般来讲，主标多少有一定的素材积累，特别是技术标，即使面对陌生领域时，也可以申请内部研发工程师予以技术支撑。唯独遇到副标，需要从零开始编一份200页甚至1500页左右的技术标，很多人就感觉困难，不知从何下手。

1. 编制说明

（1）副标质量不能太好，甚至超越主标。

（2）当然副标技术内容也不能太次，也得有模有样，不能被废标。

（3）严禁出现一人编制多份，这是非常容易犯错误的。

2. 编制原则

（1）质量方面，主次不能颠倒。尤其是商务得分满足最低资格要求，技术得分满足标★号项目即可。

（2）技术得分方面，主副标差距不宜过大，关键指标项皆有响应。

（3）一人写一份，多人的话刚好安排交叉检查，共同确保投标文件质量。

3. 编制技巧

（1）明确思路。

通读一遍招标文件，并理解技术需求，定好技术标大致内容，做到心中有数。有些人可能会偷懒，只看技术需求章节，然后埋头编制技术偏离表和技术响应方案，但实际上这是远远不够的。

（2）收集素材。

①保质：搜寻常见文库资料，如道客巴巴、豆丁、CSDN、百度文库、原创力文档等，可以帮助快速初步掌握一些技术原理。

②保质：补充专利文献内容，特别是一些前沿技术的描述内容，可以帮助提升技术标的技术含金量。

③保真：获取竞争对手信息，可以从竞争对手的官方网站、微信公众号、宣传册，甚至以往项目竞争对手的投标文件等中获取。

④保量：下载论文期刊素材，尤其是数以百页计的博士/硕士学位论文，其中的技术背景、技术原理、方案介绍（设计与实现）等，可以帮助快速扩充技术标内容篇幅。

⑤保量：插入标准规范图片，产品或服务所遵循的标准转换为图片作为标准需求，瞬间可以扩充篇幅。

⑥保全：补充其他素材，如通过浏览器搜索，可以收集到一些相关资料。

（3）整理素材。

①素材充足。

素材多了也烦恼，应根据原先定好的思路，逐一将素材分解，再融合成一份技术标。此时，可能有部分内容会出现文不对题。若技术偏离表有要求指向技术标佐证内容，资深评审专家通过看上下文，严格一点就可能认定为虚假应标，是可以废标的，所以要特别关注标★号项的响应描述内容，宁可篇幅少点，也要体现专业性。

②素材不足。

素材内容篇幅还是少了，怎么办？

● 加图。将文字描述增加为图文描述，例如系统组成、功能组成、业务流程等，都是可以用图来呈现。加产品设计图，因为是副标，通常很难找到合适的产品界面图。

● 加表。将文字描述增加为表文描述，例如功能指标、性能参数等，都是可以用表来呈现。或者将文字描述替换为表文描述，增加行数。

● 加需求。绞尽脑汁也没用时，可以将招标文件的内容写成需求分析。

● 加非关键内容。例如增加关键技术、公司介绍、项目组织实施方案、测试方案、培训方案、售后服务方案等，这种内容扩充起来，速度快，质量也好。

● 其他。将字体增大，从常用的小四字体变为四号字体、行间距1.5变为2倍等。

本节内容恰恰也回答了序言中的第二个问题"面对全新领域，无任何材料可参考的情况下，你又打算如何完成方案"？

6.3 投标文件编制

若招标文件对投标文件内容有具体要求，则按招标文件要求进行编制。无具体要求则可按照下述内容制作投标文件。

6.3.1 页面

页码常用纸张大小：A4，页边距：上下 2.54 厘米，左右 3.18 厘米。

6.3.2 封面

封面基本内容包括有：

（1）正副本标识。

（2）投标项目名称。

（3）投标文件响应部分（分册装订：技术部分、商务部分、报价部分、资格条件部分等；一册装订：投标文件）。

（4）投标人名称。

（5）法定代表人或其委托代理人签字。

（6）日期。

6.3.3 评分索引表

评分索引表编制原则：

（1）招标文件有格式要求时，按要求填充。有的招标文件称为资格性 / 符合性自查表、★条款自查表、技术 / 商务评审自查表。

（2）招标文件无格式要求时，可适当根据评分标准，制定评分索引表，置于投标文件目录之前，便于评标专家快速打分，确保不丢分的前提下，节约评标专家时间，获得好感，甚至还可能提高主观上的得分。

6.3.4 目录

目录编制原则：

（1）一级标题为招标文件要求部分，不改变招标文件要求的整体文档结构和内容；在不改变整体目录结构的前提下可增加一级标题体现招标文件的其他要求，如：公司规模、生产能力、技术研发实力、投标相关承诺等附加内容。

（2）二级标题作为一级标题的补充部分，可以详细列出满足一级标题内容的对应项。

6.3.5 正文

投标文件正文内容一般包括投标函、投标一览表、分项报价表、投标保证金、商务 / 技术偏离表、承诺函、货物 / 服务一览表、技术 / 实施 / 售后 / 培训等，最终以招标文件为准。

1. 投标函

"投标函"一般作为投标文件的第一章，在招标文件中都会给出相应格式，此时必须按照招标文件中的格式和要求来进行编制，在这里需要注意以下几点：

（1）招标机构：在招标文件中核对招标机构是指业主、或是采购人、还是招标代理机构，在此要确认不能弄错。

（2）项目名称：从招标文件中复制，以免写错或漏字，与招标文件保持一致，不可擅自修改。如果招标文件内项目名称不一致时，可电话咨询招标代理机构。

（3）项目编号：从招标文件中复制，但需要注意字体格式，因为在文档中英文字母一般默认的是 Times New Roman 字体，如果招标文件中有特别要求如宋体、小四号字，则最好改成相应的字体。

（4）项目包号：项目招标时可能会有多个子包，而投标时只会选择其中一个包或几个包，在这里会要求写上包号，如果项目包有具体的名字，最好写全，如果没有则写清楚是第几号包。

（5）授权委托代理人信息和公司信息：填写授权委托代理人信息和所担任职位信息及公司信息。

（6）份数要求：一般来说都是正本 × 份、副本 × 份，有的还需要电子文件（U 盘或光盘），这个一定要在招标文件中核对清楚，例如电子文件要求是投标文件盖章扫描件。

（7）投标价格：一般是小写，但有的也会要求大写、小写并存，要注意看清楚是否有要求保留几位小数。

（8）投标人信息：不要大意把自己公司的信息都写错。

2. 投标一览表

"投标一览表"（也叫"开标一览表"）作为投标文件的第二章，是用来概括投标内容信息，编制时按照招标文件要求去填写就可以，在这里需要注意以下几点：

（1）表头前的信息。

这个位置一般是项目名称、项目编号、分包名称三项，但有的会是投标人名称、项目名称、分包名称三项，所以在这里要看清楚，不要弄错了（后续的分项报价表、商务 / 技术偏离表、货物 / 服务一览表章节也是如此）；项目名称（投标人名称）、项目编号、分包名称有的话就填写，没有的时候千万不要空着，要填上"/"。

（2）表里面的内容。

根据招标文件中的要求去填写就可以，有的只需要填一个金额数字就行，而有的需要把投标货物或服务参数、供货期等逐一填上。

（3）表后面的信息。

表后面是投标人签字盖章的位置，有的叫投标人，而有的叫投标人名称，本质是一样的，错了虽然没啥影响，但为保险起见，最好还是要核对清楚。

3. 分项报价表

"分项报价表"是用来说明投标货物或服务的分项报价明细信息，表格内容一般包括名称、规格型号、数量、单价、总价、备注几部分，有的还细分有成本、收益、税金，对于这里面的每一部分都需要特别注意。

（1）名称。

与招标文件中的货物／服务名称保持一致，如果是一个大项中又包含了几个小项，此时一定不能只写大项或只写小项，正确的做法是将这一列进行拆分为多行多列，把大项和小项都包括进去，而对应的第一列的编号则要以大项为基准，而后面的几列参数则以小项为基准。

（2）规格型号。

按照小项的参数逐一填写对应的规格型号信息，如果有型号一定要写上，如果没有可以不写，原则上这里的参数信息应当与后面的货物／服务一览表、技术偏离表中的投标响应参数保持一致。

（3）数量。

与招标文件中的数量一致，注意单位不能落下，也要保持一致。

（4）单价。

该小项是系统单价信息，这里需要注意的是货币单位是否已经给出，如果没有一般默认为人民币／元，也可以自行注明。

（5）总价。

与单价之和保持一致。

（6）备注。

说明性文字，一般是不会有内容填写的，但不要空着，一般都是写"无"。

4. 投标保证金

"投标保证金"是投标文件中响应部分重要章节，根据招标文件关于投标保证金要求进行支付，特别注意支付金额、支付账户是否符合要求，支付描述（备注栏）等信息是否符合招标文件要求，支付凭证复印件要正确、清晰、完整。

5. 商务／技术偏离表

"商务／技术偏离表"是投标文件中响应部分重要的一个章节，一定要按照招标文件要求编制，对于这里面的每一部分都需要特别注意。

（1）货物／服务名称。

与招标文件中的货物／服务名称保持一致，投标所采用的货物／服务信息则通过投标规格响应内容描述来体现。

（2）招标文件条目号。

这里是一个非常重要的地方，因为很多招标文件编排都比较混乱，所以尽量把条目号找到最小的项，对应到最准确的位置，如果在招标文件中实在找不到非常准确的信息，那么就指向一个相对准确的位置，总之要与招标对应。

（3）投标响应。

需要着重去编制，对应招标文件参数编制自己的投标文件参数，不能够为了省事直接粘贴相应内容过来，那样是可能会被废标的，要以响应的口吻来进行描述；如果怕有遗漏，则在表格最后一行增加对"招标文件其他所有条款"的响应项。

6. 承诺函

"承诺函"是投标文件中响应部分最重要的一个章节，根据招标文件的格式和要求进行编制即可；若招标文件未规定具体格式，可自行承诺。

7. 货物 / 服务一览表

"货物 / 服务一览表"是用来说明投标货物 / 服务内容信息的，表格内容一般包括名称、规格型号、数量、包号、品目号、备注几部分，对于这里面的每一部分都需要特别注意。

（1）名称。

与招标文件中的货物 / 服务名称保持一致，投标所采用的货物 / 服务信息则通过制造厂商、品牌、型号等内容描述来体现。

（2）规格型号。

按照小项的参数逐一填写对应的规格型号信息，如果有型号的话一定要写上，如果没有可以不写，原则上这里的参数信息应当与分项报价表、技术偏离表中的投标响应参数保持一致。

（3）包号。

跟招标文件中的保持一致，不要随意填写。

（4）品目号。

跟招标文件中的保持一致，不要随意填写。

（5）备注。

说明性文字，一般是不会有内容填写的，但不要空着，一般都写"无"。

8. 技术 / 实施 / 售后 / 培训

（1）技术方案。

"技术方案"是根据招标技术要求进行响应的具体内容，是对响应参数的一个更加具体的说明信息，要与技术偏离表响应信息保持一致，即技术偏离表响应内容应在技术方案中一字不漏地查找得到。

一般来说可以从技术解决方案中找到相关内容，复制、粘贴进来统一调整格式即可，或者复制技术偏离表响应内容插入技术方案中。

（2）实施方案。

"实施方案"是针对项目实施的一个响应的具体内容，一般招标文件中都会有要求，这一部分会作为评标的一个得分点，因此该部分内容需要认真去响应。

各个项目的实施内容不尽相同，但一般来说都包含了以下几部分：项目管理组织机构的描述、项目组织机构组成和成员信息、具体实施方案信息三大部分内容。

可以将其做成一个通用内容，组织好内容做成所有项目都能够适用的方案，在以后的项目中直接复制该章节即可，会省去很多时间。

（3）培训方案。

"培训方案"是用来说明针对项目后期培训的一个方案，也是很重要的一个章节，需要认真去响应。

内容基本都是相同的，一般都包含以下几方面内容：培训计划（目标）、培训内容、培训人员、培训教材、培训时长等。也可以做成一个通用的培训方案，后期其他项目可直接复制使用。

（4）售后服务方案。

"售后服务方案"是用来说明项目后期服务支持的方案，一般客户会很看重售后服务信息，所以这一章节一定要认真响应。

在招标文件中会有关于售后服务期限的要求，在这里同样需要去响应，一般都包含以下内容：服务承诺、服务期限内容、服务具体措施等信息。也可以做成通用的售后服务方案，后期其他项目直接复制使用。

（5）公司介绍。

"公司介绍"是根据综合评分表中涉及公司的简介、资质、人员、机构和案例等信息。虽然不是招标文件常规要求的内容，一般建议尽可能放上，以此展现公司实力。

（6）其他。

其他如设计优化方案、互联互通方案、绿色建设方案等，在招标文件中某一位置（分册）作为可选方案时，一般建议尽可能提供；而若在招标文件中另一位置（分册）作为必选方案时，则是一定要提供的。

例如招标方提出建设"绿色××"的理念，即在××的全生命周期内，充分体现节地、节能、节水、节材、环保的绿色理念，并将绿色理念和方法落实到××的各阶段。投标方应响应招标方的要求，必须用单独篇幅详细描述本项目为实现"绿色××"已采取的措施、方案及全生命周期成本分析。鉴于在 IT 系统集成项目中，绿色建设方案较为罕见，作者提供一篇绿色轨道交通建设方案供参考。

6.4　编制注意事项

6.4.1　编制细节

投标文件编制过程中，细节方面需要注意以下几点：

（1）风格。

字体、字号风格是否一致，是否跟招标文件要求一致。

（2）框架。

整体框架组成是否跟招标文件中要求一致，原则上只能多不能少。

（3）页眉。

一定要看清楚页眉是否全文都是一致的，是否正确。

（4）页脚。

看清楚页脚的页码是否正确，页脚页码的位置是否合适。

（5）替换。

因为大部分投标文件都是用以前类似项目的投标文件作为模板修改的，此时一定要排查并替换掉旧投标文件中的错误内容（例如投标服务对象名称、服务响应时间、进度安排表等），一定要确认是否全部完成替换。

（6）打印。

需要注意招标文件中是否有要求要将投标一览表、分项报价表、货物 / 服务一览表、商务 / 技术偏离表、承诺函、资格证明文件等信息单独打印；如果有需要，当做好相应章节时，即刻将该章节另存储一份，以免遗忘。

（7）承诺。

关于★商务条款进行单独承诺说明，★技术条款进行点对点应答说明，辅以报告图片或软件界面截图予以佐证。

（8）其他。

制作评分索引表、资格审核表，方便评委评分和资格审查。

6.4.2 编制小技巧

招标文件少则几十页，多则几百页。为避免投标文件缺项、漏项，编制时需要与读书一样，不断将招标文件读薄。常见有以下两种做法：

（1）大多数人会将招标文件中的重要项，复制、另存到一个文档中，核对时不再需要去厚厚的招标文件中查找。

（2）少部分人会在编制投标文件时，将招标文件（Word）中已完成项内容删除，等投标文件编制完成时，招标文件内容也将全部被删除。

此外，大型项目投标时，多个 Word 文件进行合稿时，Word 反应会很慢，可以先转换为 PDF 文件，再在 Acrobat PDF 中合并文件，遇有更新时直接在 PDF 文件中替换，最后页眉页码也可以在 PDF 文件中统一。

最后，和写作文一样，踩点得分。如评分标准中，要求服务方案包括服务目标、服务内容、服务机构、服务管理体系等内容，那么投标文件中的服务方案二级子标题一定要与以上得分点名称保持一致。

其他如招标文件中联合体协议、中小企业声明函、"节能产品"、"环境标志产品"、"两型产品"证明材料等固有格式，如果不适用，可以无视；也可以考虑评标专家查阅的方便，仅保留目录次序和格式，标题上标注（不适用）。

6.4.3 编制禁忌

在项目投标过程中，牢记避免犯以下禁忌：

（1）沟通过程中未有全程录音。

对招标文件特别是重要条款存有异议时，大多都会通过电话咨询招标代理机构工作人员，并按照答复进行投标文件编制。若是电话咨询过程没有录音，当评标结果出现评审准则与咨询所给答复内容不一致时，是无处取证的，只能哑巴吃黄连。

（2）出现其他项目名称或其他客户名称。

很多投标文件采用其他项目投标的材料时，容易忘记修改相应内容，这在严肃的评标现场，是非常容易被排斥和认为不认真的，因此需要派专人进行检查。

（3）系统架构图和网络拓扑图错误。

图表是非常显眼的内容，因此投标文件中的系统架构图和网络拓扑图是专家评审重点关注的地方，千万不要出现低级错误。

（4）图标识不清晰。

图标识上最好制图人、审定人要明确标记。

（5）前后叙述矛盾。

投标文件由多人共同编制时，容易出现前后叙述不一致。可安排专人在投标前通篇阅读，安排专门评审会议过审。

（6）目录结构混乱。

整篇文档目录无逻辑性，各个板块内容各自为政。

（7）套话、废话太多。

言语啰唆、言之无物，这类情况很容易出现在网络上摘抄的信息中。

（8）遣词造句，用语不当。

错别字是小事，但很容易降低业主和专家的好感；另外，改造项目中如描述原系统如何差、如何落后等诸如此类描述，直接否定业主之前的工作，容易引起业主反感。

6.5 投标文件审核

投标文件审核一般包括投标文件会审、投标文件废标项检查、投标文件现场审核等环节，检查的内容为投标文件中常犯的错误，如表 6-6 所示。

表 6-6 投标文件常犯错误

序号	类别	错 误 描 述	应 对 措 施
1	商务废标	资质资格不满足，例如人员社会保险缴纳证明材料不满足	下载完整的人员社会保险缴纳证明材料
		证明资格不满足，例如政府采购失信记录截图不完整，没有网址	截取完整规范的图片
		业绩资格不满足，例如业绩类型是分包，不是与最终客户签约的，不被专家承认	补充技术协议证明服务于最终客户
		服务资格不满足，例如招标要求 3 人年，响应 3 人×10 月。备注：工期只有 10 个月	提前与招标代理机构进行电话咨询沟通并全程录音
		盖章不全，例如封面未盖章、骑缝章	一人盖章一人检查
		签字处漏签或签错地方，例如法定代表人和授权委托人位置签错	提前将签字页码及要求标出
		时间错误，例如招标文件要求培训 5 天，响应只安排了 20 课时，每天 4 课时	一天增加到 8 课时
		时间混淆，例如将 180 天的投标有效期写成 60 天的项目交付日期	多人交叉检查
		复制材料，出现其他公司名字	全文搜索过滤掉关键词汇
2	技术废标	★号项技术条款不满足，证明材料不足，例如支持麒麟系统却没图，或者描述内容答非所问而不被评审专家所认可，例如招标要求支持 B/S 架构，截图却没有出现浏览器及地址栏信息，反而像 C/S 架构	关键项响应要充足
		证明材料索引页码错误，评审专家难以找到正确的位置，从而判定不满足招标要求	定稿后需要一项一项检查
		技术偏离表响应完全复制招标文件内容	按实际应答情况去响应
		技术有偏离而未备注偏离说明	在技术偏离表说明偏离原因

续表

序号	类别	错误描述	应对措施
3	商务扣分	商务资质不被评审专家认可，例如双一流高校无高新技术企业资质而不得分	常见于事业单位的资质
		资质原件扫描件未盖章	常见于电子投标，资质复印件盖章后再扫描
		类似业绩合同不被评审专家认可，例如评审专家认定不算是类似业绩	增加业绩一览表及其描述
		合同扫描件不清晰而扣分	在要求的基础之上，多准备几份合同备份
4	技术扣分	技术方案太单薄，技术方案内容与评分规则不一一对应，例如技术路线及可行性、风险管理、保密措施等评分内容缺失	保证内容完整性和质量，根据招标文件，保证技术方案小标题能踩点得分
		响应内容与招标要求内容不一致，例如要求的是实施阶段的应急方案，响应的是售后服务阶段的应急方案	正确理解项目需求
		内容不一致，例如技术偏离表是正偏离，技术方案内容是无偏离；图片是漏洞安全分系统，文字描述却是软件安全分析工具	保持内容一致性
		内容不严谨，分系统 A 描述有"部署要求"，分系统 B 却没有，难道只有分系统 A 有要求、分系统 B 没有要求	同一类型描述大类别如果不统一则都删除
5	电子文件	封面无正本／副本字样	部分售前工程师习惯在胶装时再补上正本／副本字样
6	其他	格式不规范，例如招标文件要求应答文件正文部分字体：宋体，字号：小四；行距：1.5 倍行距；页边距：上：2.54 厘米、下：2.54 厘米、左：2.4 厘米、右：2.4 厘米	统一格式，如取消勾选"不要在相同样式的段落间增加间距 (C)""如果定义了文档网格，则对齐到网格 (W)"
		页码不规范，例如目录中的索引表页码应从 I 开始，却是从 1 开始	统一规范页码使用
		图／表标题序号不连贯，部分图／表未有标题及顺序等	
		位置不对，例如技术评分索引表没放在正文前面，而是放在商务之后、技术之前	遵循招标文件要求
		内容描述不对，常见于关键技术复制论文内容时，把论文图 [××]、页码 [××] 及描述口吻如"本文""本论文"都带进来了	只保留论文纯技术部分
		内容描述不规范，客服电话留个人移动号码	公司 400 电话或者固定电话
		排版不规范，技术方案中三级甚至更低级的标题之间分页，出现大段的空白	取消分页分节
		授权委托人的职务不一致，一处是销售经理，另一处是区域销售总监	全文内容统一
		服务人员不一致，服务承诺书是 9 人，售后服务方案是 18 人	
		低级错误"我公司司"，指向页码（只有起点没有终点）和指向章节没用"，"号分开	

6.5.1　投标文件会审

整合投标文件后，售前工程师组织项目领导小组和项目执行小组进行 3 次及以上的会审（包含文档整体格式、文档架构、章节具体内容、响应条款、废标项、标★号项、评分打分项目等），各个板块负责人根据会审结果进行修改并再次提交，如表 11-9 所示。

6.5.2　废标项检查

应根据招标文件要求梳理出废标项检查表，如表 11-10 所示，并对投标文件的纸质正本、副本文件进行废标项检查：

（1）项目编号、名称、采购编号、投标人名称等信息。

（2）投标人基本资格中资质等内容无缺失，营业执照清晰有效，银行开户证明清晰有效。

（3）投标文件授权有效期，公司盖章处，法定代表人签字 / 盖章处，授权委托代理人签字处。

（4）投标保证金按要求提供，账号、金额、备注描述等。

（5）三年无重大违法记录声明公司盖章处，法定代表人签字 / 盖章处。

（6）投标报价信息是否满足预算要求，填写内容完整，总价与分项价格之和一致。

（7）商务 / 技术偏离表的签字盖章情况，逐条响应情况，是否有实质响应内容，偏离条数小于无效投标要求数。

（8）封装方式及内容，签字盖章，封装包标注内容及签字盖章要求。

（9）投标文件正本数量、副本数量、电子文件要求。

（10）封面扉页内容，签字盖章要求。

（11）开标现场需要准备的原件资料，证明材料，CA 证书，委托人身份证原件及复印件。

（12）基本账户变更是否在资源交易中心办理备案登记。

6.5.3　现场审核

投标文件严格按照保密要求，应该在指定场所进行打印，针对纸质正本、副本投标文件采用分册、现场交叉审核与内审结合的机制：

（1）各个分册负责人及编制团队审核并签写审查记录表。

（2）各个分册团队交叉检查并签写审查记录表。

（3）项目组内审专员（含销售经理）交叉审查。

（4）所有审查程序至少 2 人并且都要签写审查记录表，如表 11-11 所示。

（5）针对无法手签的检查人员，通过邮件、钉钉等让他们知会并确认。

第 7 章

项目交付方案

项目交付活动即履约项目合同，期间活动包括产品规划、产品设计、产品测试、产品部署、产品运营等，对应有产品规划书、产品设计方案、产品测试方案、项目实施方案、项目运营方案等。

7.1 产品规划书

产品规划书编制的目的是顺利通过公司产品研发立项审批，内容主要包括描述产品研发规划、市场营销规划，预期所产生的经济效益及风险分析，全面评估该产品新研立项的可行性，其目录内容参见如下：

1. 产品概述
2. 产品背景
   2.1 公司需求
   2.2 客户需求
3. 市场容量分析
   3.1 国家政策分析
   3.2 行业市场分析
   3.3 产品市场分析
4. 市场竞争分析
   4.1 竞争现状与特点
   4.2 主要竞争对手分析
      4.2.1 主流企业
      4.2.2 典型产品介绍与对比
   4.3 公司分析
      4.3.1 企业战略
      4.3.2 财务
      4.3.3 人员

根据产品实际情况，按以上目录填充内容即可。

7.2 产品设计方案

产品设计方案包括软件需求规格设计说明、软件设计说明等，硬件产品设计方案在此略过。

7.2.1 软件需求规格设计说明

依据项目合同技术附件，完成软件需求规格设计说明的编制，其目录内容可参见如下：

---

1. 需求
  1.1　状态和方式
  如果有多种状态和方式，如空闲、就绪、活动等，则应定义每一种状态和方式。
  1.2　能力结构图
  用图表的方式对 CSCI 的总体功能进行划分和描述。
  1.3　功能需求
    1.3.1　所有功能
    所有功能均拆分到叶子节点，并对各项功能进行描述。
    1.3.2　×× 功能
      若该功能还能划分子功能，则分子节进一步描述。
      1.3.2.1　所有子功能
      1.3.2.2　××-1 功能
      1.3.2.3　××-2 功能
  1.4　性能需求
    1.4.1　系统容量
    估算系统容量需求，包括数据库记录需求、数据库初始化需求、批处理作业需求、实时作业需求等。
    1.4.2　性能指标
    列出系统所有性能需求，包括响应时间、响应精度、并发用户数等性能指标。
  1.5　外部接口需求
  外部接口是向 CSCI 提供数据或与它交互数据、共享数据的外部实体的关系。
    1.5.1　外部接口示意图
    绘制一张或多张接口图，说明所需要的 CSCI 外部接口。
    1.5.2　外部接口描述
      1.5.2.1　外部接口信息
      描述内容包括接口名称、详细需求、发送方、接收方、接口类型、优先级等。
      1.5.2.2　通信方法特征

描述外部接口的通信方法所要求特征。

1.5.2.3　协议特征

描述外部接口的协议所要求特征。

1.5.3　外部接口名称-1

1.5.3.1　数据元素特征

描述该接口的各数据元素所要求的特征。

1.5.3.2　数据元素组合体特征

描述该接口的各数据元素组合体所要求的特征。

1.5.3.3　通信方法特征

描述该接口的通信方法特征。

1.5.3.4　协议特征

描述该接口的协议特征。

1.5.3.5　其他特征

描述该接口的其他特征。

1.6　内部接口需求

描述 CSCI 内部接口需求。

1.7　内部数据需求

描述 CSCI 内部数据需求。

1.8　适应性需求

描述 CSCI 适应性需求，包括数据需求、运行参数需求。

1.9　安全性需求

描述 CSCI 必须提供的安全措施，防止意外动作和无动作。

1.10　保密性需求

描述与保密性有关的 CSCI 需求。

1.11　标准需求

列出项目必须遵循的标准。

1.12　环境需求

用图表描述 CSCI 的运行环境需求。

1.13　计算机资源需求

描述 CSCI 必须使用的计算机硬件资源需求、计算机软件需求、计算机通信需求以及其他资源需求。

1.14　软件质量因素

描述软件的功能性、可靠性、易用性、维护性、可移植性和其他属性的定量要求。

1.15　设计和实现的约束

描述设计和实现的需求，如特定的技术架构、编程语言。

1.16　人员需求

　　　　　　　描述包括人员的数量、技术水平、服务期限等需求。
　　1.17　培训需求
　　　　　描述与培训相关的 CSCI 需求。
　　1.18　软件保障需求
　　　　　描述包括系统维护、软件保障等 CSCI 需求。
　　1.19　验收、交付和包装需求
　　　　　描述为了交付而对 CSCI 进行包装、加标记等需求。
　　1.20　需求的优先顺序和关键程度
　　　　　根据系统的关键特性、重要性，确定软件需求的优先顺序和关键程度。
　2. 合格性规定
　规定各个需求的合格性方法、合格性级别等。
　3. 需求可追踪性
　正向追溯、逆行追溯上级文档《项目合同技术附件》。

根据产品实际情况，按以上目录填充内容即可。

7.2.2　软件设计说明

依据软件需求规格设计说明，完成软件设计说明的编制，其目录内容可参见如下：

　1. CSCI 级设计决策
　　1.1　输入 / 输出设计决策
　　　　1.1.1　CSCI 的输入 / 输出数据流图
　　　　绘制 CSCI 的输入 / 输出数据流图来描述输入 / 输出决策。
　　　　1.1.2　输入 / 输出说明
　　　　1.1.3　CSCI 的行为设计决策
　　　　　描述每个输入或条件的 CSCI 行为的设计决策，包括 CSCI 要执行的动作、
　响应时间、对不允许的输入或条件进行的处理等。
　　1.2　CSCI 的数据库 / 数据文件决策
　　描述数据库、数据文件如何呈现给用户的设计决策。
　　1.3　CSCI 的安全性 / 保密性决策
　　描述 CSCI 为满足安全性、保密性需求所选择的方法。
　　1.4　其他设计决策
　　描述 CSCI 为满足其他需求，如灵活性、可用性和可维护性所选择的方法。
　2. CSCI 体系结构设计
　　2.1　逻辑结构及部署关系
　　绘制 CSCI 的体系结构设计图，描述逻辑构成和部署关系。
　　2.2　CSCI 部件

2.2.1 CSCI 部件图

绘制整个 CSCI 的逻辑包视图的组成，细化到类包一级。

2.2.2 CSCI 部件描述

描述构成 CSCI 的所有软件单元的用途、需求、开发状态/类型以及它的组成部件等。

2.2.3 CSCI 类图

绘制每个类包的类图，并对该类包下的所有类进行说明。

2.3 执行方案

绘制 CSCI 设计中的所有状态图、活动图、进程图、交互图并配以文字说明。

2.3.1 状态图

状态图如图 7-1 所示。

定义：用来描述一个特定对象的所有可能状态以及由于各种事件的发生而引起的状态之间的转移。

作用：模拟系统的动态环节。

图符：开始、结束、状态、转移等。

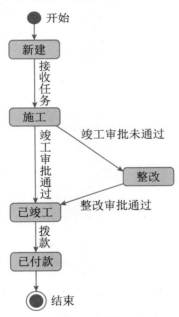

图 7-1 某质量检测系统状态图

2.3.2 活动图

活动图如图 7-2 所示。

定义：用来描述满足用例要求所要进行的活动以及活动间的约束关系。

作用：描述一个操作的执行过程中所完成的工作或者动作。

图符：开始、结束、活动、决策点、泳道等。

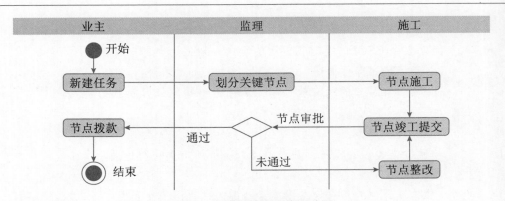

图 7-2 某质量检测系统活动图

2.3.3 进程图

进程图如图 7-3 所示。

定义：描述对象之间的交互顺序，着重体现对象间消息传递的时间顺序。

作用：强调对象之间消息的发送顺序，同时也显示对象之间的交互过程。

图符：对象、消息、生命线。

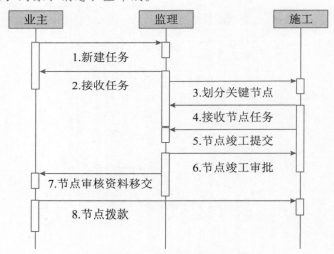

图 7-3 某质量检测系统进程图

2.3.4 交互图

定义：用来描述系统中的对象是如何进行相互作用的。

作用：描述对象之间的合作关系，更侧重于说明哪些对象之间有消息的传递。在语义上与进程图等价，二者之间可以互相转化。

2.4 性能设计

从时间特性、精度、可靠性等方面，描述采用何种性能设计措施实现性能需求。

2.5 接口设计

绘制外部接口示意图、内部接口示意图，描述软件单元的接口特性，包括数据元素特征、数据元素组合体特征、通信方法特征、协议方法特征等。

3. CSCI 详细设计

详细描述每个类，来体现 CSCI 的详细设计。

　3.1　×× 类名称

　　3.1.1　类属性描述

　　　描述包括类名称、数据类型、大小和格式 / 单位、范围 / 枚举、准确性 / 精度、其他特性等。

　　3.1.2　类操作描述

　　　描述包括操作名称、操作功能等。

　　3.1.3　类操作详细设计

　　　　类操作名称

　　　　对该类下的每个操作进行说明。

　　　　（1）定义该操作所用到的数据元素（组合体）。

　　　　（2）描述该操作所用的算法。

　　　　（3）描述该类所用到的逻辑。

　　　　（4）描述该类操作要引起编程人员注意的并发执行、响应时间等事项。

　　　　（5）其他：描述软件单元设计中的约束、限制或非常规特征，使用 CSCI 语言之外的编程语言及其使用原理等。

　3.2　×× 类名称

　　内容及要求同 3.1。

4. 需求可追溯性

正向追溯、逆行追溯上级文档《软件需求规格说明》。

根据产品实际情况，按以上目录填充内容即可。

7.3　产品测试方案

产品测试方案包括软件测试计划、软件测试说明、软件用户手册等，硬件产品测试方案在此略过。

7.3.1　软件测试计划

依据软件设计说明书，完成软件测试计划的编制，其目录内容可参见如下：

1. 测试依据

列出软件测试应遵循的依据来源。

2. 软件测试环境

描述测试现场的安装、测试和控制等环境。

3. 测试标识

　3.1　一般信息

3.1.1　测试级别

描述软件测试的级别，例如是系统测试还是配置项测试。

3.1.2　测试类别

描述软件测试的类别，例如，功能测试、性能测试、接口测试、安装测试、人机界面测试、容量测试等。

3.1.3　一般测试条件

描述适用于所有测试或某一组测试的条件，要执行的测试程度和所选择的测试原理。

3.1.4　测试进展

描述软件计划开展的测试顺序或测试进展。

3.1.5　数据记录、整理和分析

记录、整理和分析测试数据，包括记录测试结果、手工或半自动或自动整理与分析原始测试结果。

3.2　计划执行的测试

描述每个测试项的测试目标、类别、需求、数据记录等。

4. 测试进度

绘制进度计划表，应包含测试任务安排、时间安排等。

5. 测试终止条件

描述被测软件的评价准则和方法，以及可以终止测试的条件。

6. 需求可追溯性

正向追溯、逆行追溯上级文档《软件需求规格说明》。

根据产品实际情况，按以上目录填充内容即可。

7.3.2　软件测试说明

依据软件测试计划，完成软件测试说明及软件测试报告的编制，其目录内容可参见如下：

1. 测试准备

1.1　硬件准备

描述测试工作所需的硬件准备，例如测试中要使用的特定硬件、测试说明图例、操作说明等。

1.2　软件准备

描述测试工作所需的软件准备，例如测试中要使用的特定软件、储存介质、软件加载和初始化说明等。

1.3　其他测试前准备

描述测试工作所需的其他准备，如人员组织安排。

2. 测试说明

分节描述测试计划中的每个被测试项，并分别对每个测试要点描述其测试过程和数据样本。

功能测试

按照测试要点，分章节以表的形式对每个测试用例进行说明。

2.1　××测试要点名称

2.1.1　××测试用例名称

测试用例中的"输入"对应"数据样本"中描述的数据样本。一个测试用例可以对应一个或多个数据样本，并应得到相应的预期结果。

当预期结果不是一个确定值时，应在评估准则中描述如何判断测试结果是否通过。例如预期结果为 10ms，评估准则为实测结果误差小于 ±20%，则当测试结果在 [8ms,12ms] 区间内，该用例测试视为通过。

2.1.2　××测试用例名称

2.2　××测试要点名称

如果测试项复杂，可根据测试要点再进一步细化描述。

3. 需求可追溯性

正向追溯、逆行追溯上级文档《软件需求规格说明》。

根据产品实际情况，按以上目录填充内容即可。

测试用例应该覆盖所有可能的情况，包括正常情况和异常情况，以保证测试的全面性和有效性。

7.3.3　软件用户手册

依据软件测试说明，完成软件用户手册的编制，其目录内容可参见如下：

1. 软件综述

1.1　软件应用

描述软件的版本、用途、使用对象，以及软件的典型应用模式和部署方式等。

1.2　软件清单

列出软件运行必须安装的软件，包括软件名称、版本号、作用。

1.3　软件环境

描述软件运行所需要的硬件资源、软件资源等。

1.4　软件组织和操作概述

描述包括软件逻辑部件、用途、操作、用户期望的性能特征等。

1.5　意外事故及运行的备用状态和方式

意外事故后，描述用户在备用状态和方式下如何运行软件。

1.6　保密性

描述包括对非法制作软件或文档复制的警告。

1.7　帮助和问题报告

提供联络方式和联络流程，以便用户获得帮助和报告在使用软件时遇到的问题。

2. 软件入门

2.1 软件的首次用户

2.1.1 熟悉设备

描述软件使用前，用户需要的相关硬件设置。

2.1.2 访问控制

描述软件初试权限的获得和设置，包括用户从哪里获得口令，以及如何添加、删除、更改口令等内容。

2.1.3 安装与配置

2.1.3.1 安装

描述包括安装前准备、安装步骤、安装后验证等。

2.1.3.2 配置

描述用户安装完成软件后进行的各种配置信息。

2.2 启动过程

描述用户启动软件开始工作的步骤。

2.3 停止和挂起工作

描述用户如何停止或中断软件的使用。

2.4 卸载

描述用户完全卸载已安装软件的过程和方法。

3. 使用指南

3.1 能力

描述软件事务、菜单、功能或其他处理相互之间的关系。

3.2 约定

描述软件使用的相关约定，包括使用的颜色、警告铃声、缩略词语表或编码规则等。

3.3 处理规程

描述软件使用时的菜单、图标、数据项表、用户输入、系统输出、诊断或错误信息。

3.4 有关的处理

描述软件运行的相关批处理、脱机处理、后台处理等。

3.5 数据备份

描述创建和保留备份数据的过程。

3.6 错误、故障和紧急情况下的恢复

描述软件发生错误或故障，紧急重启或恢复的过程。

3.7 消息

描述消息类别、名称、内容、含义、动作等。

3.8 快速参考指南

描述软件常见的功能键、控制序列、格式、命令等。

4. 典型业务流程

描述用户如何使用软件运行典型业务流程的操作顺序和步骤。

根据产品实际情况，按以上目录填充内容即可。

7.4 项目实施方案

7.4.1 在"项目交付"环节中的位置

项目实施是项目交付中的重要环节，位于合同签订之后、项目验收之前，如图 7-4 所示。

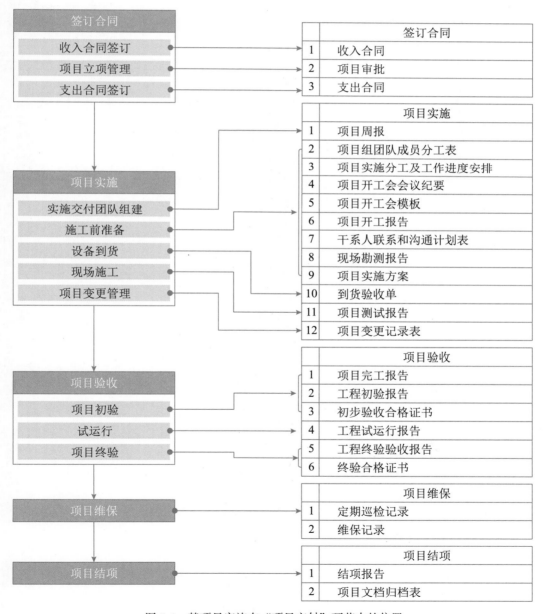

图 7-4 某项目实施在"项目交付"环节中的位置

7.4.2 具体方案内容

项目经理根据项目招投标文件、现场勘察调研情况，以及与业主方对项目的需求和建议，组织编制项目实施方案。项目实施方案中应包括技术实施方案、实施进度计划、质量保证方案等核心内容。

1. 技术实施方案

技术实施方案应包含软硬件设备安装部署位置、组网与 IP 地址规划等内容，示例如图 7-5 所示。

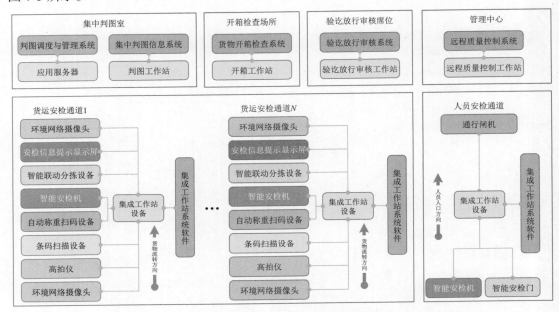

图 7-5　某机场项目技术实施方案示意图

（1）安检通道：货运安检通道、人员安检通道上的设备全部通过网络接入现场集成工作站设备，并在现场集成工作站设备上安装集成工作站系统软件。

（2）管理中心：应用服务器设备上安装判图调度与管理系统，远程质量控制工作站设备上安装远程质量控制系统。

（3）集中判图室：判图工作站设备上安装货物开箱检查系统。

（4）验讫放行审核工作站设备上安装验讫放行审核系统。

2. 实施进度计划

实施进度计划应采用甘特图形式，按施工顺序细化到具体设计、施工、设备到货、安装、调试、验收等每一个环节。

3. 质量保证方案

质量保证方案应包含项目质量目标、质量控制依据、质量控制等内容。

7.5　项目运营方案

大型项目高标准建设听上去很美，低配置运营看下去很苦，所以越来越多的用户逐渐意识到"运营方案"前置的重要性和必要性。

运营服务主要是保障平台有效运转、内容正常安全生产、较好的用户体验，以及提供大数据分析及决策支持。

项目运营方案主要包括运营团队、运营周期及内容、内容运营、平台运营推广、用户运营、数据运营、运营推广等内容。

1. 运营团队

（1）项目上线试运行前，组建项目运营团队，制定合理运营规划，确保平台正常运行保障。

（2）建立相应的管理小组和工作机制，解决团队人员编制、经费、办公场所经费、办公设备等现实问题。

2. 运营周期及内容

根据项目的运营需求，确定项目的运营周期，规划不同运营阶段的项目运营计划及项目运营内容。

3. 内容运营

内容运营范畴包含平台中所有的文字信息、图片、视频等数字内容，其按照内容生产方的不同分为两类：一类是由平台管理人员发布的平台资源；另一类是用户参与平台交互所产生的内容。两类内容都需要遵循平台制定的规范和要求进行编辑、发布或上传。

（1）内容生产规范。

对平台各模块的内容在数量、质量、预订等方面提出要求，详细规定每个字段的字数限制、字符类型、图片格式/大小、视频格式/大小等。

（2）内容编辑加工。

对用户上传的内容进行审核和必要编辑后，对内容进行评级，挑选优质内容进行二次编辑成专题并进行推广，保障好的用户体验。

（3）内容安全审计。

设立敏感词库、建立评论审核和防火墙制度，通过技术方式进行实时过滤，净化网络环境。

4. 平台运营推广

保障平台日常运转，推广执行平台线上活动，管理各渠道运营位、排期，定期分析推广数据等。

5. 用户运营

以用户为中心策划与运营主题活动，通过不同渠道（新媒体）快速与用户建立链接，吸引用户、激活用户、引导用户。

6. 数据运营

多维度进行数据统计、数据分析、数据挖掘，提供用户需求分析、服务效能分析以及最终的供给效果分析。

7. 运营推广

建立长期有效的运营协调与对接机制，建立金字塔工作组织结构，保障平台基础的内容生产和线下落地，提升品牌知名度和价值，积极推动用户的导入和使用。

第8章

项目交流手册

项目拓展过程中，销售经理、售前工程师都需要与客户、项目合作伙伴等项目干系人进行深入交流活动，对应有销售指导手册、展厅交流手册、售前技术交流手册、售中现场调研手册、售后合作伙伴管理手册等。

8.1 销售指导手册

销售指导手册编制的目的是快速提高公司内部销售经理专业素养和营销手法，指导和协助其更好地开展业务，迅速进入实战状态，主要内容包括行业知识、产品介绍、目标客户、销售策略、渠道建设等。

8.1.1 行业知识

用通俗易懂的语言，向销售经理们科普一些行业知识，包括行业政策、政策解读、行业现状分析、行业特点分析、行业主要竞争对手分析、行业基础知识等。

1. 行业政策

收集历年行业政策文件及各省市配套政策文件（即政策执行情况）。

2. 政策解读

从时间硬性要求、行业影响、资金来源、客户立项动力等进行解读。

3. 行业现状分析

从全国甚至全球大范围大视角分析行业现状及未来发展趋势。

4. 行业特点分析

例如：垄断行业、集中采购，一旦入围开始使用，将会有持续的订单，因为各供应商管理系统的排他性，其他厂家很难再进入，所以其采购具备重复性，可获得长期回报。

5. 行业主要竞争对手分析

可以从企业资质、产品、市场占有率、品牌等多维度进行分析。

6. 行业基础知识

整理一些经典的行业基础知识，让销售经理快速熟悉产品、了解所属行业。

（1）基本概念。

行业常见术语及名词解释。

（2）业务范畴。

描述产品或服务范围，以及公司所在行业中的业务优势。

（3）产品性能及优缺点比较。

可以结合公司自有产品系列及竞争对手情况，进行优缺点介绍。

（4）行业解决方案。

可以结合公司自有的行业解决方案介绍该方案主要解决问题。

（5）典型案例。

可以结合项目情况、建设内容（项目方案拓扑图等）、建设成效（案例现场实景图）进行介绍。

8.1.2 产品介绍

公司产品介绍包括产品类别、功能、特点、案例等内容，并可结合销售中常遇见的如下问题进行编制。

（1）为什么要用你们的产品？

（2）你们的产品价格太高了，其他公司比你们便宜多了。

（3）客户为什么要选用你们的产品或技术方案？

（4）你们的硬件、软件各是多少钱？能不能硬件我们自己买，你们配系统软件就行？

（5）将来我们是一定会上这个项目的，现在让我们再考虑考虑吧。

（6）你们的系统和我们的其他系统对接会不会有问题？你们能免费帮我们连接吗？

（7）你们可以让我们先试用吗？

8.1.3 目标客户

对行业目标客户群体，从行业客户分类、客户人事结构、信息获取、业务开展流程进行可行性分析。

1. 行业客户分类

和客户有过初步接触后，销售经理们要能迅速将其分类整理，找出重点目标客户，实现定点突破。

（1）对系统功能非常重视的客户；

（2）对系统性价比非常重视的客户；

（3）对品牌名气非常重视的客户；

（4）对价格高低非常重视的客户；

（5）对售后服务非常重视的客户；

（6）对有利的付款方式非常重视的客户；

（7）对项目政绩非常重视的客户；

（8）对个人利益非常重视的客户。

对客户类型清楚后，销售就可以有的放矢地开展工作，当然很多客户可能具有多种类型的特征，要灵活处理，这也是销售的魅力所在。

例如小型客户，主要攻关对象为一把手，只有一把手认可才能实现采购；大型客户，关系相对复杂，除重点攻关一把手外，还需技术总工、主管副总的认可，建议采用团队作战方式，从技术、商务不同层面来进行推进。

2. 客户人事结构

分析客户业务范围，主要涉及的各部门、各科室的职能情况。

3. 信息获取

了解项目信息来源如信息中心、工程部、物管部等，通过填写客户信息调研表，只需要 10 分钟便可掌握一个客户的基本情况、内部关系及采购计划等。

4. 业务开展流程

根据具体目标客户来开展具体业务。

（1）例如某类客户虽为企业，但又具有公共事业性质，一般由政府部门来主管，通常该类客户一把手还在政府相关部门担任副职，因此，当地政府对此类客户具有较强的影响力，可以考虑从政府关系切入。

（2）例如技术监督局在某类客户设有质量检测站，通过检测站能了解到其他竞争对手的信息，并对产品质量有否决权，可以考虑通过检测部门进行渗透。

（3）例如某类客户一般都采用总部入围形式，只有在总部入围通过后，才具备参与各地省分公司招投标资格。

其他如小范围试点试用、参加行业年会、展览等。

8.1.4 销售策略

销售策略是指为了达成销售目的之各种手段的最适组合。

1. 销售心态

面对客户时销售经理要有良好的心态，例如我们是中国做得很好的厂商，我们到客户中去是为了提升客户，不是去苦苦哀求的，不亢不卑是正确的尺度。

2. 销售风格

销售风格在很多方面有差异，但我们应该都需要明确的工作方向加上对细节的注重，即使你做对了所有的事未必能成单，但你搞错了任何一个环节结果可能都是灾难性的。

3. 顾问式销售

每个行业的产品都有其自身的特点和必须具备的知识。销售作为重中之重的环节，往往销售经理的专业素养和工作条理是成败的关键，如果我们是单纯的推销员，跟大部分销售经理一样，结果往往是被拒之门外。而一个有问必答且能科学解决用户需求的销售经理，我们可以称之为顾问式销售。试想，如果你是一个嗷嗷待哺的客户，你会选择一个只会寒暄的推销员还是一个能提供合理方案的专业人士作为合作伙伴？答案不言自明。

4. 销售项目分类

加强战略合作，扩展可开发渠道，积极拓展优质项目。

（1）中央财政专项拨款项目。

从价格和条款的合理化上均比较理想，属于优质项目。

（2）政府强制指定项目。

部分建设主管单位姿态强势，通过公开或者非公开的形式进行入围筛选，指定两三家企业的产品才能在当地使用，同样属于优质项目。

此类项目特点：入围见效快、入围就相当于产生业绩；成交的共性就是高价，成交价格高，入围成本高，关系维护成本高。

（3）政府公开选型项目。

大部分采用此类方法，政府公开备案标准，满足标准的企业均可备案并在当地推广销售，通常 10～30 家企业不等。

此类项目特点：价格竞争激烈，甲方售前工作繁杂，服务条款苛刻。

（4）自主出资采购项目。

此类项目信息来源非常隐蔽，需要销售经理在当地人脉资源有充足的积累，由于是自主采购，效益还是非常可观的，例如中国石油、中国石化、学校、医院等企事业单位的自主出资采购项目。

5. 销售模式分析

（1）直销：针对有重复采购机会的客户、重点大客户和重点项目。

（2）代理商及渠道：主要针对重复采购机会小的项目，通过对代理商和渠道提供技术支持、免费培训等激励政策吸引各级代理商的加盟，以此整合代理商和渠道的资源。

8.1.5 渠道建设

渠道是甲方和生产企业中非常重要的一环，也是销售经理的一大助力，避开直销项目不谈，优质的渠道代理商在当地具有比较强的人脉资源，可以成为销售经理的助手，使得销售经理有精力兼顾管理更多的市场，甚至可以垫资来规避项目风险。那么如何有效发展渠道呢？

1. 渠道搜索

（1）公司资源：公司提供的名单，办事处人员的行业经验，有过合作的合作伙伴。

（2）网上搜索：主流产品的代理商和市场行业招投标中标集成商。

（3）客户介绍：定位的目标行业客户或行业圈内人士所介绍的友商、合作伙伴等。

2. 渠道选择

加强对"出货能力较强的直接销售点"的选择，加强渠道建设、尝试与其他 IT 公司的产品合作进行捆绑销售，拓展非传统经销渠道。

（1）优质代理商。

当在拜访建设部门领导或者客户单位领导时，相互有一定了解的基础上，可以主动向他们抛出橄榄枝，例如说："领导，我们非常想进入这个市场，但是实在不知从哪里做起，您看有没有您信得过的人能代理我们的产品，或者介绍一个有经验的中间人帮我们操作一下？"这种情况下发掘出来的代理商往往是最优质的，因为他们大部分跟主管领导有很紧密的合作关系，而且又是领导牵线搭桥，用这样的代理商顺利拿下项目的可能性最大。

（2）次优代理商。

拜访当地知名集成商，他们对当地市场情况非常了解，和行业相关部门有千丝万缕的联系，从他们身上可以挖掘出往年市场信息等。

（3）有效代理商。

在以上两条都不甚理想的情况下，可以在网上搜索当地往年的中标公示，公开招标的项目大部分都是有中标公示的，那么中标公示出来的代理商家可以找到。也可以确定一点，他们是有能力拿下类似项目的，接下来就是怎么"挖墙脚"的问题了。在了解其代理厂家后，可以咨询团队中对行业比较了解的人士，找出他们的短板，比较出自己的优势，采用合理的方法，成功性也是比较大的。

3. 渠道拜访

（1）拜访前的准备。

①了解所拜访的行业渠道的优势行业。

②准备公司产品与行业渠道的优势行业的结合点，行业需求分析，全国同行业成功案例。

③了解行业渠道的主营业务，主要合作伙伴。

④准备好公司介绍及产品介绍的底稿。

（2）针对对象不同，介绍主要内容的不同。

如针对业务部门总监或者公司总经理：重点讲解已有的同行业成功案例，公司的渠道政策和市场规划，利润点与同类厂商的优势（偏重市场）。

如针对技术总监：同行业成功案例的详细介绍，解决了客户的什么问题，行业需求分析的共享与验证，与同类厂商的优势（偏重技术）。

如果对象只是一个业务部门员工：了解其所负责的行业或者区域，介绍相关成功案例及利润点。

（3）交流时需要了解的内容。

了解对方的公司架构（规模，人数）及市场规划。

了解对方目前的主营业务及市场运作模式。

了解对方眼中的行业特色、行业应用或同类产品。

了解对方对我公司产品及渠道政策的看法。

4. 渠道管理

（1）渠道设置：加强扁平化设置，加大渠道扩展，提高产品的曝光率。

（2）渠道政策：同级渠道加强销售激励，加强合作型市场开拓，增加激励制度，提高经销商积极性。

（3）渠道培训：加强产品、销售技巧的培训，增加与经销商的沟通。

5. 渠道扩充

强强联手，共同发展，加强与服务器、存储、交换机等厂商合作，拓展非传统经销渠道。

8.2　展厅交流手册

展厅交流手册编制的目的是帮助展厅接待人员，能够可以根据不同的来访对象，结合自身的知识和经验，圆满地完成接访任务。

8.2.1　前言

很多接待人员包括平日侃侃而谈的销售经理、人事经理，一进公司展厅就会本能产生一种技术畏难心理，会羞涩，会爱在心口难开。试想如果我们把公司当成小区，把公司展厅当成自己家，那么现在的你是不是有很多话要说？如果还没有，说明去公司展厅的次数少了，因为有个词语叫如数家珍。

回到家里，回忆一下你接待你的朋友，你爱人接待她的闺蜜，你小孩接待他的同学，你们介绍客厅内容是不是不尽相同，风格迥异，千差万别呢？

所以为了能更好发挥展厅接待人员的主观能动性，展厅交流手册内容只是起辅助参考作用。

8.2.2　致欢迎词

首先致欢迎词，迅速拉近双方之间的心理距离。然后从总体上对公司展厅进行介绍，常规可以通过对展厅的空间区域划分进行介绍，例如一套三室二厅一卫的房屋包括主卧、客卧、书房，客厅、餐厅，卫生间，给来访人员留下一个整体印象，示例如下。

热烈欢迎各位老师来我们 ×× 指导工作，下面由我为各位老师介绍我们 ×× 的产品。摆在我们前面一排的是我们的 ×× 产品线，中间一排的是我们的 ×× 产品线，后面一排的是我们的 ×× 产品线。

目前展厅中已有 1 款产品达国际领先水平，3 款产品填补国内空白，5 款产品国内领先，全部产品拥有自主知识产权，已在军工、航空航天、轨道交通、金融、电力、互联网等领域积累超百家行业头部客户。

8.2.3　分区域介绍

当客人来到家里的客厅区域时，我们是不是会先进行一个区域的整体介绍，例如数字客厅包括曲面电视机、大屏投影、移动计算机、按摩沙发等，绿色厨房包括节能冰箱、新型油烟机等，然后对区域内的每一个产品再详细介绍其功能及用途，甚至让客人进行即时体验，示例如下。

这是我们的软件质量测试工具产品线，覆盖软件质量测试全过程，包括动态单元测试、静态代码质量检测、中断缺陷检测、软件变更影响域分析以及接口协议测试，可实现软件质量测试的全自动化、高精准化、高覆盖率。

8.2.4　分产品介绍

逐一介绍区域内各产品时，可以按接待人员的认知水平和预计达成目标大约分为三个层次，下面以介绍客厅中的曲面电视机为例。

1. 概念层次

本层次介绍产品技术原理，例如电视机是通过机顶盒设备还是通过路由器设备接入信号，介绍产品基本功能，例如能看电视也能上网。

目标是让客人大致了解产品是什么，通过什么技术原理，可以实现什么功效。

2. 感官层次

本层次以故事形式介绍产品特点，例如看球赛时，不论是站在电视机正对面、斜对面，或是躺沙发上还是站在沙发上，各个角度都不影响看球赛的视觉效果。

目标是让客人直观地感受产品特点，用"理性数据"激活、唤醒客人的"感性思维"，让客人从"事不关己"心态到产生一种"跃跃欲试"的心理，若能提供现场互动体验，感官效果只会更好。

3. 感性层次

本层次能与其他同类产品如平面电视机做比较，例如开机时间更短？切换速度更快？画质更清晰？

目标是让客人自觉地去证实他自己的观点或判断，因为自我肯定只会让客人高兴地认为所有一切尽在掌握。

更深层次的还可以详细介绍产品技术架构及产品迭代方向，但是不推荐，因为一般来说除非是竞争对手，大多数真正客人对此可能没多少兴趣。其实，这部分内容完全可放在后面的技术交流环节。

××公司展厅中××产品介绍分为产品简介＋产品案例＋对标竞品三个层次，介绍示例如下。

1. 产品简介

××产品是一款针对C/C++语言的动态单元测试工具【是什么】。它采用动态符号执行与约束求解技术研发而成【技术原理】，能够针对软件源代码自动生成单元测试用例，自动生成测试驱动程序并模拟执行，配合代码缺陷检测算法，快速发现并协助修复软件缺陷【实现功效】。

知识点拓展：

（1）动态单元测试是软件开发中重要和基础性环节，动态单元测试发现问题后，修复成本最低，对软件开发的进度影响最小。

（2）自动测试未完全覆盖时，要能支持手动测试补充。例如DO-178C（适航标准）要求安全关键等级为A级的软件语句覆盖、分支覆盖、MC/DC覆盖均为100%；大多数军用软件要求单元测试至少达到语句覆盖、分支覆盖100%；单元集成测试的内部接口测试覆盖率必须达到100%。

2. 产品案例

（1）测试效率高。在使用××产品之前，10万余行嵌入式C代码的单元测试工作，通过人工手动构建测试用例，需要耗时2.5个月才完成符合要求的单元测试任务。同等规模软件工程，使用××产品后，2名开发人员耗时5天完成，还可以一键生成满足GJB 5000A等标准规范的测试报告。

（2）测试覆盖率高。自动生成的测试用例语句覆盖率达到99%，分支覆盖率达到99%，条件覆盖率达到99%，MC/DC覆盖率达到99%。

知识面拓展：军用软件方面，总装备部（现为装备发展部）基于CMMI标准和军用软件研制特点，制定了GJB 5000A标准。

3. 对标竞品

××产品主要同类竞品分析如下。

（1）大部分国外单元测试工具，例如××产品【竞品1】，测试用例设计主要依靠手工输入，缺乏自动化支持手段，缺少自动化测试用例生成的功能。而据不完全统计，一个熟练的测试人员平均每天仅能完成约10个函数单元测试，导致单元测试的成本极高，效率极低。

（2）少数国外单元测试工具，例如××产品【竞品2】，具有一定的自动化测试用例生成功能，但是自动化率有限（<40%），且可支持达到的覆盖性一般不超过70%，不能满足军用软件苛刻（要求100%）的测试要求。难以满足高效进行自动化单元测试的要求。

（3）界面设计不够友好，操作复杂，不符合国内操作习惯，用户难以上手；核心技术掌握在国外，软件升级、定制化服务受制于人，不便提供定制化服务，难以支持 GJB 438B、GJB 5000A、GJB 5369 等军用软件开发标准。

知识面拓展：随着国际竞争加剧，中美科技战以来警醒了国内企业，大到国之重器，小到基础软件，处处受制于人。现有嵌入式软件自动化测试工具市场被国外厂商严重垄断，将成为其对华的撒手锏，禁用随时可能发生。

产品介绍层次要求：行政经理／人事经理应能顺利完成"产品简介"单一内容的讲解，销售经理应能顺利完成"产品简介＋产品案例"综合内容的讲解，售前工程师必须能顺利完成"产品简介＋产品案例＋对标竞品"全套内容的讲解。

8.2.5 过渡与总结

在产品介绍过程中，存在着产品与产品之间的过渡、区域与区域之间的过渡，以及最后的讲解总结。

1. 产品与产品之间的过渡

当介绍完一个产品后，要平滑过渡到下一个产品的介绍。例如数字客厅曲面电视机介绍完毕后，可以说"电视虽好，剧情拖沓追剧很累，按摩沙发刚好可以解决这个烦恼"，然后很自然地从曲面电视机产品的介绍过渡到按摩沙发产品的介绍，示例如下。

在软件开发生命周期中，开展动态单元测试之前，应进行静态测试，尽早可能发现软件质量缺陷，避免在开发的早期阶段出现错误。

如此，从动态单元测试产品的介绍过渡到静态代码缺陷检测产品的介绍。

知识点拓展——动态测试与静态测试的区别。

（1）测试部分的不同。

动态测试是通常意义上的测试，也就是运行和使用软件。静态测试是指测试不运行的部分：只是检查和审阅，如规范测试、软件模型测试、文档测试等。

（2）测试方式不同。

通过运行程序测试软件称为动态测试，通过评审文档、阅读代码等方式测试软件称为静态测试。

（3）测试方法不同。

动态测试主要通过构造测试实例、执行程序、分析程序的输出结果这三种方法来对软件进行测试。静态测试是指不用执行程序的测试，它主要采取代码走查、技术评审、代码审查的方法对软件产品进行测试。

（4）测试内容。

动态测试主要包括：①黑盒测试，又称功能测试。这种方法把被测软件看成黑盒，在不考虑软件内部结构和特性的情况下测试软件的外部特性。②白盒测试，又称结构测试。这种方法把被测软件看成白盒，根据程序的内部结构和逻辑设计来设计测试实例，对程序的路径和过程进行测试。

静态测试主要包括：①代码检查，包括代码会审、代码走查、桌面检查；②静态结构分析；③代码质量度量。

2. 区域与区域之间的过渡

当介绍完一个区域后，同样要平滑过渡到下一个区域的介绍。例如数字客厅区域介绍完毕后，可以说"大屏电视不只能在客厅看，其实在卧室也可以看"，很自然从数字客厅区域过渡到主卧区域，示例如下。

有软件质量测试，势必有软件安全测试。国发〔2020〕8号文鼓励软件企业执行软件质量、信息安全、开发管理等国家标准。这是我们的软件安全测试工具产品线，可以实现软件的已知漏洞和未知漏洞的检测。

如此，从软件质量测试工具产品线区域的介绍过渡到软件安全测试工具产品线区域的介绍。

知识点拓展：国发〔2020〕8号文是指 2020 年 08 月 04 日国务院关于印发《新时期促进集成电路产业和软件产业高质量发展若干政策》的简称。

3. 讲解总结

当所有区域介绍完毕后，要能回到起点，进行适当总结。例如扫地机器人介绍完毕后，可以说"机器人可以单扫卧室，也可以规划路线，定时对全屋包括客厅、厨房在内的区域进行清扫"，将家里各个区域都串联起来了，示例如下。

对于软件质量测试、软件安全测试，我们可以针对某一细分领域，提供单一产品解决方案【回到产品介绍】……也可以根据用户需求，通过不同产品组合，提供整体解决方案【回到解决方案介绍】……

8.3　售前技术交流手册

售前技术交流手册编制的目的是让新入职的售前工程师，能够在较短的时间内，迅速熟悉技术交流时常见问题以及掌握应答技巧，能与客户顺畅地进行沟通与交流，实现快速入行并适应自身的岗位角色，也可理解为产品知识问答库。

总之，建议每一位售前工程师在进行技术交流时，以一个医生的角度，向客户开具一份有针对性的产品解决方案处方。

8.3.1　交流前

售前技术交流前需要做以下准备工作：

1. 了解客户

（1）预计会议都有哪些参会人员，分属于哪些部门及职务级别。

（2）以前是否做过技术交流？是否来公司参观考察过？

（3）产品可能将应用于什么场景？什么环境？

（4）是否已用类似产品？用的是哪家的？使用效果如何？

（5）客户重点关注哪些？

（6）市场规模预计有多大？

2. 了解竞争对手

（1）以往产品是哪家提供的？所占客户全部采购比重是多少？

（2）客户反馈使用效果如何？如不甚满意，具体表现哪些地方？我公司是否有机会？

（3）最近接洽的竞争对手都有谁？他们主推哪款产品及方案？

（4）他们的销售策略、市场通路是怎样的？

（5）如果是总集项目，那么最有希望的总集成商是哪家公司？

3. 了解己方

（1）会议预期达到什么目的？

（2）客户是否是老客户？以前供货的产品类型是什么？量有多大？

（3）销售经理现今主推哪个方案？哪款产品？

（4）交流时是否需要演示 PPT？交流时侧重点是哪一款、哪几款还是全系列产品？

（5）是否需要样机？是否需要现场演示？

（6）是否需要准备其他资料？

8.3.2　交流时

每次售前技术交流过程中，或多或少都会涉及行业、公司、方案（产品）、竞争对手、项目、商务等内容。

（1）行业。

包括行业政策、行业产品知识、行业市场知识、行业相关标准、行业现状、行业发展趋势等。

（2）公司。

包括公司简介、技术团队、生产制造基地、售后服务、成功案例、维保费用、来公司参观考察等。

（3）方案（产品）。

此部分内容是技术交流的重中之重，也是最能体现售前工程师的存在价值。正常交流时一般包括公司方案知识、产品知识、功能指标、性能指标、产品演示、样机试用等。

深入交流时还会包括技术标准、技术协议、技术原理、技术路线、技术路线比对等，此时也是给学习类型客户上课的最佳时机。

（4）竞争对手。

包括企业经营现状、资质荣誉、产品情况、市场占有率、行业标准参与编制等情况。

（5）项目。

包括正在实施的项目进展，对重点、难点等进行沟通。

（6）商务内容。

一切商务内容归口于市场营销中心。

8.3.3　交流后

记录每一次售前技术交流时客户所提的每一个问题，并及时进行归档。如果有和客户交谈时被客户问住的痛苦回忆，遇到之前没遇到的新问题时，应及时寻求公司内部专家帮助，编制好参考答案并下点功夫理解并记住，并最终补充至技术交流手册中。

8.4　售中现场调研手册

售中现场调研手册编制的目的是帮助调研人员顺利完成项目调研任务。因为大型信息化项目建设的复杂性，不仅体现在新建部分上的难度，同时体现在既有改造部分上的难度，尤其是后者，更是需要精心组织大量的现场技术调研。

调研人员水平必然参差不齐，为降低调研工作质量受到调研人员能力的影响，在调研之前，需要制定一份合适的调研方案，主要内容包括调研要求、调研内容、调研报告。

8.4.1　调研要求

正式进入客户现场调研之前，需要给调研人员下达明确的调研任务，晦涩之处以备注方式加以补充描述，其目录内容可参见如下：

（1）带着目的去调研。

要求：结合公司产品实际情况以利于本项目改造实施和验收为出发点。

（2）实事求是、真实反馈。

要求：调研对象不少于3人，杜绝调研人员走形式、敷衍了事。

（3）详细记录。

要求：无法用文字描述时，要拍摄高清照片，并配文字予以描述。

（4）描述规范。

要求：通用名称正确，并符合客户习惯性称谓及本项目规范，让大众都看得懂。

（5）客户需求。

要求：是否有新增需求？旧有需求是否还要？例如上一家乙方提供了，但甲方后来压根没用上的功能，未来甲方是否还需要？

（6）尽可能拿到第一手资料。

要求：索取如CAD图纸、IP地址分配表，实在拿不到再拍照。

（7）调研确认。

要求：调研结束后，总结调研内容并与调研对象一一进行确认。

（8）输出调研报告。

要求：结合项目现场调研情况，从利于项目实施角度出发，在调研结束后输出一份正式调研报告。

以上根据项目实际情况，参考上述目录填充内容即可。

8.4.2　调研内容

调研内容包括客户信息档案内容和项目核心内容。

客户信息档案内容应包括客户全称、客户情况简介、主要负责人（姓名、所属部门、职务/职称、联系电话等）、客户关心的需求及需要解决的问题等，如表11-22所示。

项目核心内容建议按照应用场景的不同层级展开调研，其目录内容可参见如下：

> 1. 应用前端层级
> （1）网络情况。
> 备注：尽可能拿到甲方的网络规划设计图纸，可用于技术可行性评估、改造成本评估参考。
> （2）设备情况。
> 备注：应用终端、摄像头、工作站等设备的品牌、型号、通信协议、运行情况、报废年限等情况。
> 2. 应用后端层级
> （1）硬件情况。
> 备注：了解服务器、工作站配置需求，以及计划部署位置等。
> （2）软件情况。
> 备注：了解已有系统软件（界面、功能等）、数据接口等。
> 3. 应用部门层级
> （1）业务模式。
> 备注：可从人员编制、运营场所空间利用出发。
> （2）业务需求。
> 备注：业务模式调整，带来的新增业务需求、核减业务需求。

以上根据项目实际情况，参考上述目录填充内容即可。

8.4.3　调研报告

调研报告主要包括实施目标、项目现状、需求分析、实施内容、实施计划、调研附件，其目录内容可参见如下：

> 1. 实施目标
> 可按项目实施任务分节点来写。
> （1）网络联调目标。
> （2）系统升级目标。
> （3）设备接入目标。
> 2. 项目现状
> 可从项目当前现状、现状分析来描述。
> （1）当前现状。
> 可按项目场所调研情况分节点来描述项目现状，各节点可按网络联调、系统升级、设备接入，再进一步细化。
> ①1号站点现状。
> ②2号站点现状。

③机房中心现状。

（2）现状分析。

首先总结项目现状问题，其次对重点难点进行剖析。

①问题总结。

②重难点分析。

3. 需求分析

基于完成实施目标的前提下，根据项目现状与分析，对项目实施内容、质量、进度等需求进行详细分析。

4. 实施内容

根据需求分析，可梳理出项目实施的具体内容。

（1）网络联调。

（2）系统升级。

（3）设备接入。

5. 实施计划

以表格的形式，明确项目实施过程中的工作任务、工作内容、开始日期、结束日期、天数、负责人、配合人员等，如表 8-1 所示。

表 8-1　实施计划

序号	工作任务	工作内容	开始日期	结束日期	天数	负责人	配合人员	备注

6. 调研附件

将历次调研文件作为附件，汇总插入调研报告之中，便于查看、核实整个调研过程。

以上根据项目实际情况，参考上述目录填充内容即可。

8.5　售后合作伙伴管理手册

售后合作伙伴管理手册编制的目的是帮助项目经理、合作伙伴管理人员等完善对合作伙伴的管理与考核，可以进一步加强项目风险防控、效率提升和客户满意度提高，促进项目高质量验收。

大型集成项目的实施，同样需携手合作伙伴，借船出海、借兵打仗，实现价值共赢。只有聚合产业链上、中、下游合作伙伴资源能力，在技术开发、业务创新、商业运作方面展开深入合作，补齐能力短板，方能打造一个开放的合作生态。

8.5.1　总则

合作伙伴管理最终目的是通过考核，规范合作伙伴管理，提高合作伙伴整体素质，不断优化合作伙伴队伍，提升项目建设质量。

8.5.2　考核标准

根据合作伙伴违规行为领域、违规行为性质、违规行为程度等，分级考核，考核结果以电子邮件、传真、书信等其中一种书面形式送达。

（1）每发放一张黑牌，直接终止服务合同，并列入合作伙伴黑名单，在 2 年内禁止其参加所有项目合作。

（2）每发放一张红牌，罚 1000 元以上 2000 元以下并扣 10 分以上 20 分以下，暂停合作 6 个月。

（3）每发放一张黄牌，罚 1000 元以下并扣 1 分以上 10 分以下。

8.5.3　考核情形

有下列情形之一者，合作伙伴将被发牌进行处罚：

1. "黑牌"处罚标准

（1）项目合作过程中擅自毁约，影响项目继续进行的。

（2）无正当理由，未按合同约定的交付时间完成项目交付的。

（3）项目施工过程中，由于设计方案不合理、施工/监管不力、违规施工，项目出现严重隐患，造成客户索赔经济损失，给本公司造成重大损失的。

（4）所提供的产品或服务出现重大质量问题，造成严重后果的，或在施工过程中提供虚假签证、虚增工程造价的，或因自身产品、服务质量、管理不善造成项目无法交付的。

（5）实施中发生重大安全事故或造成通信中断事故的。

（6）违反国家强制性标准的，未严格按照工程建设强制性标准和安全生产操作规范进行施工作业的。

2. "红牌"处罚标准

（1）无正当理由，未按合同约定时间完成进度计划的。

（2）施工图纸出现严重质量问题的（无法按图施工的设计方案、设计图纸不齐全等）。

（3）因设计、施工、监理等环节没有质量自查自检，质量审核、把关不严，导致工程质量存在问题或存在安全隐患的。

（4）未能按照计划进行供货、未能按工期要求完成工作，较为严重影响工程进度的。

（5）没有提前向本公司进行交底，擅自向客户提出验收的。

3. "黄牌"处罚标准

（1）无正当理由，未按合同约定的时间（或项目经理部安排的时间）按期开工的。

（2）未征得本公司和客户同意，擅自更换项目经理的。

（3）未按项目实施方案或承诺函，投入足够的人员数量和工器具资源，不能满足项目建设，造成现场工作不利或者客户投诉，影响项目实施进度的。

（4）项目经理、安全员无证或证件过期；项目经理管理水平不符合要求，未经培训上岗的；特殊作业（如高空作业、电工、电焊等）人员，未按照国家或行业要求持证上岗的，或证书人员与现场施工人员、竣工文件相关签字人员不一致的。

（5）未依法参加工伤社会保险，未为从业人员缴纳保险和购买安全生产防护用具的。

（6）未按时上报《项目实施方案》或方案内容不符合项目建设要求的（如合同提及的

关键里程碑或者周期要求等）。

（7）项目施工组织方案或项目变更方案未经本公司审核批复或未进行技术交底，就擅自进行施工的（交底未签字或未及时提交视为未提交）。

（8）查出未按图施工，施工（主设备、材料型号规格等）与设计图不一致的。

（9）查出所提供的辅材（如规格型号、性能指标等）不符合客户或项目要求的。

（10）查出隐蔽工程施工，未按规范要求通知监理到场，或隐蔽工程无签证或签证无相关单位、部门签字，或隐蔽工程签证造假的。

（11）监理类合作伙伴对可能发生的安全事故隐患，未书面（安全生产整改通知书）通知施工单位，并督促其整改，未对整改结果跟踪落实的。

（12）项目中（如涉密类）使用客户或本公司明确禁止使用设备的（客户批复的除外）。

（13）报验资料或者交工资料不完整，不按规定要求填写，不能真实反映实际情况的。

（14）未按期限完成整改的或验收时提出整改但未按期完成整改的。

（15）在施工过程中，不服从客户协调、不顾全大局、不服从统一指挥的。

8.5.4　考核流程

（1）申请人收集、整理合作伙伴违规证明材料（签字），报至项目经理处审核。

（2）项目经理向合作伙伴发送沟通函，完成沟通确认后，确定该合作伙伴是否违规，如若违规，则判断其违规程度，并根据申请人提供的材料，按照上述处罚情形和标准生成处罚结果公示。

（3）公示期内，合作伙伴可在公示期内提出申诉。由项目管理委员会统一受理，并进行复核结果形成最终处理决定。

8.5.5　考核结果

（1）用对合作伙伴得天下，用错合作伙伴失脚下。

（2）考核结果作为合同正文内容的补充，合并使用，以实现对合作伙伴的约束；未有项目合同执行的，先向商务部备案，待该合作伙伴合同签约履行后，罚金由申请人或项目经理会同财务部执行，从项目结算款中扣除。

（3）考核结果将作为未来合作伙伴沿用或淘汰、后续项目合作、优秀合作伙伴评选的重要参考依据。

第9章

关于方案的讲解

多年以后，人们也许会忘记你说过的话、会忘记你做过的事，但他们永远不会忘记你带给他们的感觉。——Maya Angelou

方案演讲时只要做到下面四方面，就能起到很好的效果。

1. 目标

演讲中重要的是什么？是话语权，是目标听众想听什么。

根据目标对象的不同，可分别采取 SPIN 提问式技巧和 FABE 销售方法。

（1）SPIN 提问式技巧实际上就是四种提问的方式。

S：Situation Questions，即询问客户的现状与问题。

P：Problem Questions，即理解客户目前所遇到的问题和困难。

I：Implication Questions，即暗示或牵连性问题，它能够引申出更多问题。

N：Need-Payoff Questions，即告知客户关于价值的问题。

（2）FABE 销售方法实际上就是非常典型的利益推销法。

F：Featlures，代表特征，指的是产品的特质、特性等。

A：Advantages，代表优点，列出产品独特的地方。

B：Benefits，代表利益，用形象词来陈述以帮助客户虚拟体验感受。

E：Evidence，代表证据，通过现场演示、证明文件、品牌效应来印证。

2. 布局

布局通常采用"一三三"模式，即一个核心，三个要点，每个要点重复三次，以云平台需求为例。

一个核心，就是论点：云平台化是大势所趋。

三个要点，就是论据：业务需要、技术需要、管理需要。

每个要点，就是论证：业务需要规模化、集约化、智能化，技术需要技术领先、能力领先、服务领先，管理需要可靠、可信、可用。

3. 转换

转换通常采用 GAS 转换，即通过举例子、打比方、作比较将艰涩抽象的专业概念解释得通俗易懂，通过把握关键点、匹配日常业务、给予听众一个熟悉的业务场景将案例说透，最后从里通过腹腔发出声音、从外通过肢体传递信息，让听众享受一场生动的视听盛宴。

G：概念 [JDZ]。J，举例子；D，打比方；Z，作比较。

A：案例 [GPS]。G，关键点；P，匹配高；S，熟悉感。

S：数字 [WZL]。W，外肢体；Z，中视觉；L，里声音。

4. 精练

方案讲解时，经常会被要求一句话介绍公司、产品或者个人。以云平台解决方案为例：围绕漏洞全生命周期管理，包括目标导入、目标适配、漏洞检测、漏洞关联、漏洞审计、漏洞验证、漏洞处置等阶段，基于 IaaS 基础资源和 PaaS 服务，提供漏洞挖掘、漏洞发现、漏洞修复、漏洞防护等漏洞挖掘云平台 SaaS 业务应用，全面迎接软件安全挑战。

如此长段的句子，一口气是讲不完的，那么应该怎样换气呢？

练习演讲换气的最佳打开方式是学习游泳，游泳时需要做好热身、摆好正确姿势、快慢结合。

最后在前往客户现场前需要提前收拾好个人仪容仪表，并做好方案讲稿、产品演示、技术答疑等准备工作。

9.1　讲解前提

公开宣讲方案必须在有一定基础前提下进行，譬如与客户关系较好，或之前有过初步的技术交流。

现实中出现过公开宣讲方案时，全程被客户开怼的情形，场景一度很是尴尬，不仅影响个人心情，更影响公司形象，不利于项目后期推进。后续项目合作就比较困难。

所以在方案讲解时要拿出气势。单兵作战时讲究勇猛，团队作战时讲究配合。

9.2　仪容仪表

人无礼不生，事无礼不成，国无礼不宁。——荀子

仪容仪表是人际交往中为了表达尊重、友善，以建立和谐关系为目的而遵从的商务礼仪和着装礼仪。

1. 商务礼仪应遵循 IMPACT 六原则

（1）Integrity（正直）：通过言行表现出诚实、可靠、值得信赖的品质。

（2）Manner（礼貌）：礼貌的举止模式。

（3）Personality（个性）：在商务活动中表现出来的独特、恰当的个人特色。

（4）Appearance（仪表）：得体、干净、整洁的衣着、妆容和仪态。

（5）Consideration（善解人意）：以对方为中心，善于换位思考。

（6）Tact（机智）：善于称赞、观察、思考，灵活应变，迅速反应。

2. 着装礼仪应遵循 TPO 三原则

（1）T（Time）表示时间：即穿着要应时。不仅要考虑时令变换、早晚温差，而且要注意时代要求，尽量避免穿与季节格格不入的服装。

（2）P（Place）表示场合：即穿着要应地。要穿符合职业要求的服饰，重要社交场合应穿庄重的正装。

（3）O（Object）表示着装者和着装目的：要根据自己的工作性质、社交活动的具体要求、自身形象特点来选择服装。

9.3　方案讲稿

想要讲解好方案，首先一点就是要对自己的仪容仪表有信心，这才算是半个售前工程师；其次就是对公司有信心、对产品有信心，更要对打败竞争对手有信心；最后就是讲解技巧：多看、多听、多揣摩。掌握以上才能算是一个完整的售前工程师。

实践证明，编制方案讲稿有助于讲解人顺利完成演讲任务。

1. 讲稿说明

（1）讲稿内容贵在精不在多，非必要不写全，节约时间。如果是重要场合演讲，或者是限定多少分钟内、无法自由发挥的演讲，建议写全讲稿内容，并在开讲前进行试讲，以便控制好时间。

（2）不能为了适应方案内容而勉强应稿。特别是编制人和演讲人非同一人情况下，演讲人可能不能很好地理解编制人想表达的思想和意图。

（3）现场需求千变万化，听众有可能会随时打断提问，因此讲稿结构逻辑性要强、内容要完整、叙述要富于变化。

（4）将专业性很强的内容讲得通俗易懂，如"一屏观全域、想哪看哪，AI赋实战、想算就算，安全促共享、想给能给"。

（5）讲稿要有逻辑性，内容要书面化、严谨化。

2. 讲稿原则

（1）编制讲稿不是为了死记硬背，也不是为了盯着PPT上的备注通篇念下来，而只是纯粹为了演讲人进一步熟悉关键内容，更深层次地理解方案的核心思想。

（2）根据演讲需要编制讲稿，同时同步优化方案内容，对于演讲人来说，不熟悉的页面内容，如果讲起来非常吃力，即使是重要内容，考虑演讲效果一般也建议删除。

（3）演讲人千万不能受困于讲稿，而是要能根据演讲现场情形灵活调整。当听众提问产生偏离时，要能及时激发听众兴趣、引导听众回到本方案的思路上来。

（4）内容上要紧扣主题，语气要富有感染力，要能引起听众共鸣。

（5）演讲稿内容不能过度口语化，限定一定量的口语语气词。

3. 讲稿案例

1）××市××区基层公共数字文化服务推广项目

项目背景：××市××区图书馆向中华人民共和国文化和旅游部申报基层公共数字文化服务推广示范项目，虽然项目申报最终获批，但整篇讲稿内容通读下来有喊口号嫌疑，可视为失败案例，不特别建议借鉴模仿。

项目汇报方案全文及讲稿大致如下（见图9-1～图9-22）：

图9-1：尊敬的各位领导、各位专家，大家上午好。××市××区基层公共数字文化服务推广项目实施方案设计汇报。

图9-2：主要分为三个部分：建设背景、建设方案、建设计划。

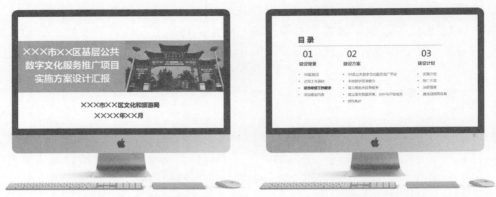

图9-1　首页　　　　　　　　　　　　　　图9-2　目录

图9-3：××区有着深厚的历史文化底蕴，有着独特的漕运文化、妈祖文化、洋务文化、民俗文化，非物质文化遗产非常丰富。

图9-4：各类非遗代表项目79项，国家级1项、市级13项，为我们××区建设基层公共数字文化服务推广项目奠定了良好的基础。

图9-3　　××区概况　　　　　　　　　　图9-4　　××区概况

图9-5：硬件基础，有场馆：全区12个街道文化站、图书馆、文化馆全部建设有标准的电子阅览室。有网络：××区图书馆网络带宽达到100Mb/s，通过VPN的方式，已经连通了国家数字图书馆。各个电子阅览室与某区图书馆实现了互连互通，152个社区文化服务中心，实现100%网络全覆盖。有设备：各个基层文化点都配备了电子阅读机。

软件基础，有网站：建设有某区数字图书馆，有APP，上线了市民文化学院APP、图书馆APP，有微信公众号，还有文化资源，仅××区文化馆已经整理了300场文化演出资源。在其他方面，有政策支持：××市××区相继出台了文化领域政策文件。有活动：文化氛围浓，辖区内群众参与文化活动热情高、踊跃报名参加。有文化服务人员：××区文化服务人员整体素质高，人数充足，专业人才应有尽有。

因此，在××区全面推广基层公共数字文化服务，可以说是万事俱备，只欠东风。

图9-6：在满足项目申报工作要求的基础上，紧密结合某区自身实际发展情况。

图 9-5 已有工作基础

图 9-6 项目申报工作要求

图 9-7：我们希望①通过平台建设，提供线上线下"一站式"服务。②整合各类数字资源，并与国家文化云进行对接，实现资源共享，实现国家平台资源在××区的落地服务，从根本上解决文化资源信息孤岛的难题。③开展数字文化精准扶贫活动，为贫困群众配送数字文化资源，支持他们脱贫致富。④建立常态化评估机制，帮助管理部门进行文化服务监管、文化资源监管以及智能化决策，最终的目的是为群众打造一个智能文化服务环境。

图 9-8：根据项目建设内容，我们提出了以下 12345 建设方案。具体为 1 个平台、2 项资源整合、3 个系列扶贫配方、4 维文化服务体系、5 个特色亮点。

图 9-7 项目建设内容

图 9-8 目录

图 9-9：1 个平台，服务渠道覆盖 PC 网站、移动端、电子阅读机、信息大屏幕等，来满足公共文化服务多元化的需求。

面向老百姓提供活动预告、预约报名、公益培训……

图 9-10：文化地图、文化直播、展览演出等 12 个核心服务模块。

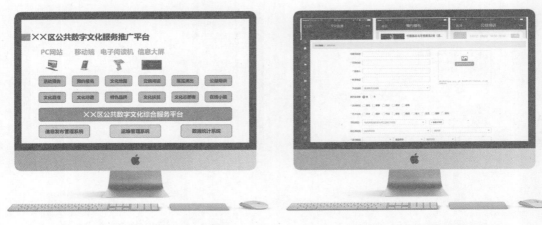

图 9-9　公共数字文化服务推广平台　　　　图 9-10　平台功能服务模块

面向图书馆、文化馆等工作人员提供信息发布管理、运维管理、数据统计管理等 3 大核心后台管理模块。

图 9-11：2 项资源整合：一是本地资源整合；二是引进国家文化云资源。

首先是将 ×× 区文化系统内所有的数字文化资源进行整合，并严格按照国家文化云接入标准规范，将本地特色数字文化资源上传到国家文化云，每年上传的数字文化资源不少于 300GB，同时从国家文化云下载数字文化资源，实现国家平台资源在某区的落地服务，让老百姓足不出户就可享受全国性的文化服务资源大餐。

图 9-12：3 个系列 9 个文化扶贫配方，与 ×× 区政府、各街道社区、民政局、残联、妇联、志愿者、爱心企业、公益机构紧密合作，为困难群众送上公益文化技能培训服务。授人以鱼不如授人以渔。

（1）群众通过学习像 ×× 油卤、×× 龙须面等非遗美食项目，学习制作工艺流程，掌握一技之长，为以后文化创业打下良好的基础。

（2）为困难群众、公益机构之间，搭建手工艺品商品渠道，展览展示困难群众手工艺商品信息。

（3）带动手工艺商品销售，为困难群众脱贫增收。

图 9-11　本地数字资源整合　　　　　图 9-12　建立精准扶贫服务

（4）协助困难群众办理各类证照，落实各种财税、贷款优惠扶持政策，解决困难群众创业的后顾之忧。

总而言之，尽我们最大努力，让下岗失业人员、残疾人通过平台，实现再就业和文化创业，从根本上解决因为文化匮乏导致经济贫困的根源。

图9-13：建立健全4维文化服务体系，制定文化服务业务规范、服务标准、评估标准、考核标准，推动文化设施、文化资源、文化人才的共建共享、互联互通，提高综合文化服务能力。

图9-14：打造5个特色亮点：

（1）参考借鉴其他先进地区文化服务的建设经验，打造一站式文化服务平台。

（2）满足新时代群众文化需求。

（3）整合××区本地文化数字资源，提供统一的检索服务。

（4）通过文化直播的形式，将文化服务深入每一个基层站点，让群众享受到丰富的文化福利。

（5）通过文化扶贫等贴近群众、深入群众的方式，实现文化惠民、便民、利民、富民，将文化服务推广得又快又好。

图9-13 建立服务

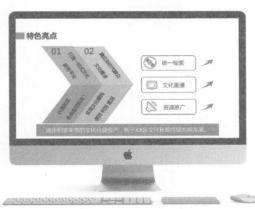

图9-14 特色亮点

图9-15：建设计划包括：1个实施计划，3种推广模式，5项保障措施。

图9-16：平台预计在明年6月份就可以正式上线并持续不断地提供文化服务。

图9-15 目录

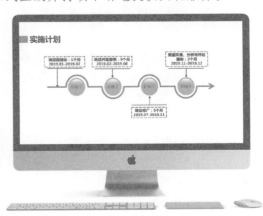

图9-16 实施计划

图9-17：三种有效的推广模式：

（1）利用自身平台优势进行推广。

（2）借助第三方平台（例如像国家文化云、××市文化云）进行互助推广。

（3）开展线下活动，以××市电视台、××区电视台等传播媒体作为补充进行推广。

图9-18：五项可靠的保障措施，分别从政策、组织、人员、宣传、经费多方面来保障项目按期顺利完成。

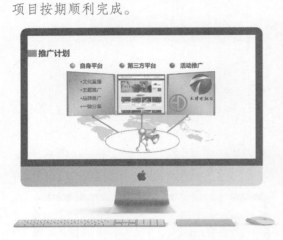

图9-17　推广计划

图9-18　保障措施

图9-19：项目建成后预期效果：

（1）可以吸引大批群众参与，提升某区市民的整体文化素质素养。

（2）文化资源整合后，更加全面更加集中。

（3）通过文化扶贫，为全面建成小康社会贡献一份力量。

图9-20：项目经费一期为50万元。

图9-19　建成后预期效果

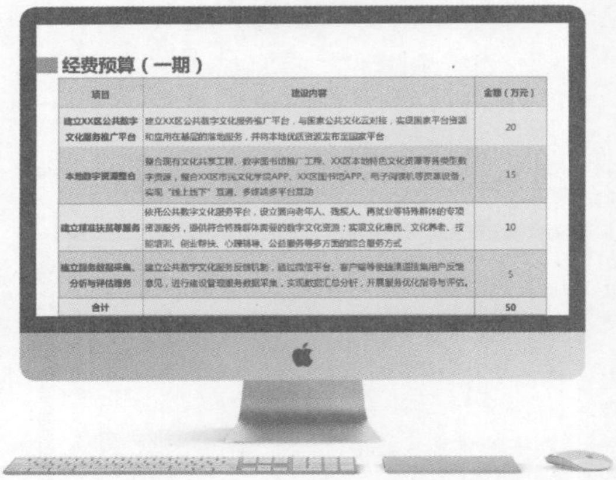

图9-20　项目预算（一期）

图9-21：项目经费二期为60万元。

图9-22：汇报完毕，谢谢各位领导、各位专家的聆听。

图 9-21 经费预算（二期）

图 9-22 感谢页

2）××市××区文化云平台建设项目

项目背景：××市××区图书馆向上级单位申报项目建设，先后组织两次专家评审，或是可行性不高或是针对性不足，评审均未获得通过。第 3 次汇报时，更换了演讲人员并大幅调整 PPT 汇报架构及内容，使演讲内容与评审 Word 方案内容高度保持一致，评审圆满获得通过，与案例（1）相比，虽然整体美感差些，但针对性、专业性、逻辑性更强，时隔多年依旧不落伍。

讲解视频
演示

项目汇报方案全文及讲稿大致如下（见图 9-23 ～图 9-56）：

图 9-23：尊敬的各位专家，大家下午好。我们根据前两次的专家评审意见，进一步梳理了建设目标、明确了建设内容，完善了业务需求分析以及业务设计方案。在下面的演示过程中，如果大家遇到有疑问的地方，可以随时打断我来提问题，谢谢。

图 9-24：为了方便各位专家可以更好地审阅这个设计方案，我们在这里特别制作了一个汇报目录。

汇报内容主要分为 4 部分：项目概述、需求分析、项目设计，以及项目概算。

（1）项目概述：将重点讲解"1.1 项目背景""1.2 建设目标""1.3 建设内容"。

（2）需求分析：作为重点演示内容，将进行全面的需求分析。

（3）项目设计：这部分将根据"2.需求分析"，对每一项需求进行针对性的设计。

（4）项目概算：主要着重讲解项目概算相关内容。

图 9-23 首页

图 9-24 目录

图 9-25：第一部分：项目概述。

图 9-26：项目背景（略）。

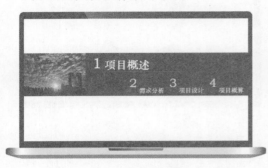

图 9-25　项目概述

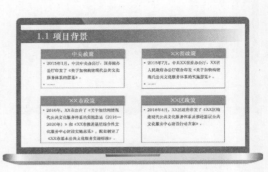

图 9-26　项目背景

图 9-27：建设目标。

站在整个某区文化工作发展的高度，××区文化云要实现 3 个主要建设目标。

第 1 个建设目标：通过建立××区文化云数据标准规范，整合全区各个街道、各个社区所有文化数字资源，建立一个统一的数字资源库，打造全区文化资源数据中心，从根本上解决文化资源信息孤岛的问题。

第 2 个建设目标：要面向广大群众，提供一站式、多渠道的访问模式，打造全方位的"互联网＋文化"服务新模式。

第 3 个建设目标：为政府主管部门提供公共文化供需决策所需要的数据统计分析功能，使政府主管部门能够实时参与公共文化资源管理与协调，以此提升政府服务管理水平。

图 9-28：建设内容。

基于"1.2 建设目标"实现的要求，那么××区文化云平台需要建设应用系统、数字资源库、服务渠道、接口开发、标准规范，以及智能终端设备采购 6 大建设内容。

具体建设内容将在下面"3. 项目设计"中进行详细的描述。

图 9-27　建设目标

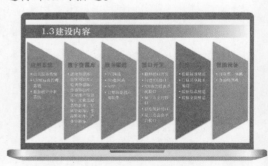

图 9-28　建设内容

图 9-29：第二部分：需求分析，主要包括业务需求分析、用户需求分析、功能需求分析等 9 个需求分析模块。

图 9-30：现状描述与分析。

我们都知道××区文化硬件基础条件是非常优越的，3 个图书馆、4 个街道文化艺中心、36 个社区服务中心、150 多个活动室。但是在服务方面，服务手段单一，主要以线下实体服务为主，配以少量的网站、微信公众号等线上渠道为辅。而且功能比较少，举个例子来说，像数据统计分析功能，要么就没有这个功能，要么就是根据座位数或者是人工签到进行统计。另外，目前现有的公共文化信息化系统，功能大多是雷同的，重复性建设已经造成了严重的资源浪费。这些系统大都又是分散建立的，归属于不同的建设单位，互相之间是没有关联的，也就是说它们没有形成聚合力，对公众吸引力非常低，再加上运营成本高，像××街道微信公众号都已停止了运营。最后，大部分系统都是单向的信息发布，缺少与群众之间的互动，不了解群众真实的文化需求和想法，导致管理部门对外无法整体了解区域内公共文化情况，像服务人次、服务时长、服务资源等，对内无法对各个文化单位进行有效的考核和管理。

图 9-29 需求分析　　　　　　　　图 9-30 现状描述与分析

图 9-31：业务需求分析。

根据"2.1 现状描述与分析"，我们知道在业务上，需要通过建立一套统一的数据标准规范，能够整合全区各类资源，还需要一套统一的平台双向访问接口，可以与智慧××、××市志愿者系统、第三方支付、××市相关信息平台、第三方公众平台等实现无缝集成。最后需要建立一套一站式公共服务系统平台，让××居民享受到一站式公共文化服务。

图 9-32：用户需求分析。

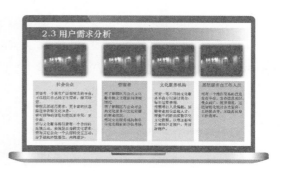

图 9-31 业务需求分析　　　　　　图 9-32 用户需求分析

××区文化云平台用户将主要有社会公众、平台管理者、服务机构、服务工作人员 4 大类。对老百姓来说，如果类似的平台很多，那么他们首先需要了解去哪一个有广泛影响力的平台，才可以获取自己所想要的信息和资源。就像我们在网上购物的时候，购买小商品我们首先可能会想到去淘宝，购买家用电器我们首先可能会想到京东、苏宁。当然社会公众也是需要与文化服务机构、其他公众有一个良好的互动交流，来深入了解平台上具体哪一场文化活动、哪一个文化场馆、哪一类的体育赛事、哪一节培训课程等是否符合自己真正的需求。作为管理者，则需要能够对区域内的文化服务情况进行全面的了解和掌握。文化服务机构，它们只需要在不增加人员编制和资金预算的情况下，来扩大自己服务范围和服务影响力。基层服务工作人员，他们重点需要能进一步提高自己的工作效率、减少无谓的工作量。

图9-33：功能需求分析。

根据"2.3 用户需求分析"，我们知道平台应用系统需要具有后台发布、前台来展示各种文化活动信息和活动资源、社会公众能够报名参加活动、活动结束后可以对文化活动数据进行统计和分析的功能。

后台还需要能够按平台标准规范，主要是从数据标准、信息共享、数据集成和数据交换4方面，来对数字资源进行统一的汇总和统一的管理。

图9-34：数据量需求分析。

平台数据主要有结构化数据和非结构化数据。

结构化数据量，按10万用户、1万的活跃用户来估算，3年大概需要100GB，非结构化数据又分为历史数据和新增数据。历史数据大约有9TB，新增数据按全区文化活动量来进行估算，每场活动按生产1GB的数据量来估算，3年大概需要10.5TB，合计起来大概需要20TB的数据量存储空间需求。这部分需求，将由"智慧××"平台来提供和满足。

图9-33　功能需求分析

图9-34　数据量需求分析

图9-35：性能需求分析_服务器性能需求分析。

服务器需要配置有应用服务器、Memcache服务器、Redis服务器、NFS服务器、数据库服务器。按10万用户来估算，主服务器TPCC要求不低于24万tpmC，备用服务器要求可以适当降低，但不能低于12万tpmC。这部分需求，将由"智慧××"平台来提供和满足。

图9-36：性能需求分析_网络带宽需求分析。

图9-35　性能需求分析_服务器性能需求分析

图9-36　性能需求分析_网络带宽需求分析

网络需求，按 10 万用户、1 万的活跃用户、1000～2000 的并发量，每个用户网络带宽需求按 100kb/s 来估算，网络带宽需要 100Mb/s～200Mb/s 出口带宽。这部分需求，同样将由"智慧××"平台来提供和满足。

图 9-37：关联系统和接口需求分析。

关联系统和接口方面，横向需要与第三支付、百度统计接口、第三方公众平台进行无缝对接。纵向方面，向上需要与智慧××、××市志愿者系统、第三方支付、××市相关信息平台、第三方公众平台对接，向下需要与"××发布""品质××"2 个街道微信公众号进行衔接。需要实现数据的共享和资源的共享。

图 9-38：信息系统安全需求分析。

按照信息系统安全保护等级定级指南的要求，××区文化云平台，需要符合信息安全等级保护二级标准，其中物理安全和网络安全由智慧××平台统一提供，项目中需要考虑应用安全和数据安全部分的内容。

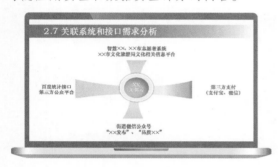

图 9-37 关联系统和接口需求分析

图 9-38 信息系统安全需求分析

图 9-39：运维管理需求分析。

运维管理，主要需要提供 7×24 小时，基础软件、基础硬件实时在线支撑服务，7×24 小时平台业务支撑服务。

图 9-40：第三部分：项目设计。

根据"2.需求分析"，下面我们将一一对每一项需求都进行有针对性的、详细设计。

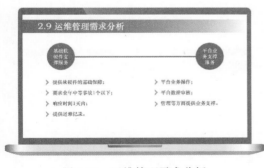

图 9-39 运维管理需求分析

图 9-40 项目设计

图 9-41：在智慧××总体架构的位置。

××区文化云平台位于智慧××总体架构的"智慧服务"中，系统数据库位于智慧××的业务库中。平台运行所需的服务器、存储、网络、安全，统一由智慧××平台提供，可以实现软硬件资源的弹性扩展，避免重复建设。

对应"2.5 数据量需求分析""2.6 性能需求分析""2.8 信息系统安全需求分析"。

图 9-42：总体设计方案。

平台总体架构分为支撑层、数据层、中间层、应用层、接入层面 5 个层次。

支撑层是智慧 ×× 平台提供的基础硬件服务设施。

数据层为应用软件提供数据支撑，包括文化活动资源库、文化场馆资源库等 9 个数字资源库。

中间层提供统一安全的用户管理、用户认证、数据同步、访问统计等数据接口，保障平台运行的安全。

应用层主要提供具体的服务内容和功能应用。

接入层面向社会公众提供跨平台支持，包括 PC 端、移动端、多媒体终端等。

对应"2. 需求分析"。

图 9-41　在总体架构的位置

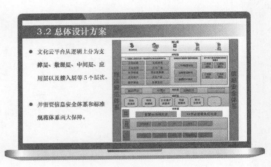

图 9-42　总体设计方案

图 9-43：服务渠道设计。

服务渠道设计，包括 PC 端、微网站、APP、多媒体终端。微网站主要以 HTML5 语言、以链接形式嵌入到微信，方便用户使用。考虑浏览器在服务体验上的限制，为深度用户开发专属应用 APP（iOS、Android），来进一步提升用户服务体验。线下渠道开发订票取票机与平台数据进行互联互通，实现取票、订票功能。

对应"2.3 用户需求分析"。

图 9-44：公共服务系统设计。

图 9-43　服务渠道设计

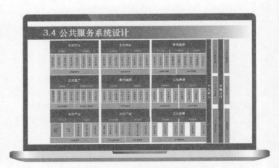

图 9-44　公共服务系统设计

公共服务系统主要面向，社会公众提供文化信息服务，主要包括文化活动、文化空间、体育频道、文化遗产、数字阅读、文化培训、文化广场、文化直录播、文化产业、个人中心、在线支付等服务功能。

对应"2.4 功能需求分析"。

图 9-45: CRM 后台管理系统设计。

CRM 后台管理系统，面向各文化服务机构工作人员，提供构建场馆主页，发布文化活动，发布活动室，申请优质内容推广，管理相关用户订单等服务。

对应"2.4 功能需求分析"。

图 9-46: 数据统计分析系统设计。

数据统计分析系统主要是面向××区图书馆及下属各文化单位的管理人员，实现对平台数据的统计和分析功能。

对应"2.4 功能需求分析"。

图 9-45　CRM 后台管理系统设计

图 9-46　数据统计分析系统设计

图 9-47: 数字资源库设计。

数字资源库的设计也就是平台数据来源的设计，主要存储的数据是 2014 年至今 ××区各个文化机构主动上传的、已有服务系统设施调取的、平台录入的，包括活动资源、场馆资源、文化遗产资源、作品资源、培训资源、文化志愿者数据、社团数据，以及某区图书馆购买的自有数字图书资源等。

对应"2.5 数据量需求分析"。

图 9-48: 用户操作应用场景设计。

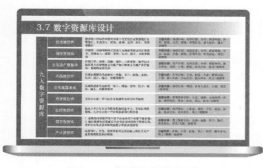

图 9-47　数字资源库设计

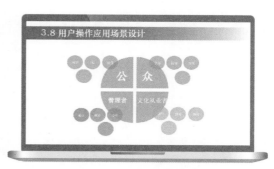

图 9-48　用户操作应用场景设计

用户操作应用场景设计，对应"2.3 用户需求分析"。在这里我们设计了 3 个应用场景。第 1 个场景：居民小龙一家三口，利用 ××区文化云平台，经常参加平台组织的培训讲座演出等文化活动，既提高了小龙一家人的文化知识和素养，又促进了其乐融融的亲子关系。第2个场景：我们都知道××是个移民城市，王阿姨退休后，来××投靠子女，借助××区文化云平台，王阿姨得到了街道和社区老师的指导，又能经常和舞友一起互动交流，迅速地融入和适应在××的新的生活环境。第3个场景：小莉是一位文化服务提供者，通过××区文化云平台，增加了新的服务途径，吸收了大批新粉丝，为社会公众提供更加精彩的文化服务的同时，提高了额外的经济收入和满满的精神成就感。

图9-49：数据库设计。

数据库设计主要从数据常量、数据变量、数据结构三方面进行数据库设计。常量：主要存放管理员用户登录信息、三方登录信息。变量：主要有业务状态、操作状态、配置分类、模块分类、业务对象分类等。

对应"2.5数据量需求分析"。

图9-50：关联系统与接口设计。

××区文化云平台关联系统比较多，为了解决平台与多异构系统对接的问题，采用基于中间库+Web Service平台的信息交换接口设计。通过此接口设计，可以根据各系统的需求，实现可配置及可定制化的多系统间数据交互、消息应答及数据共享。

对应"2.7关联系统和接口需求分析"。

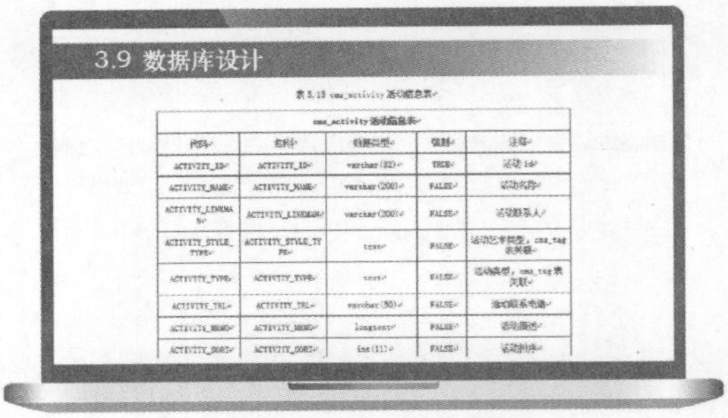

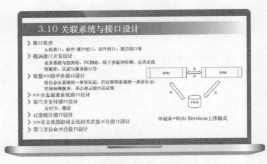

图9-49　数据库设计　　　　　　　图9-50　关联系统与接口设计

图9-51：信息安全系统设计。

信息安全系统设计中，物理安全和网络安全由智慧××平台统一提供，应用安全采用PKI-CA加密解密体系，平台软件前后端分离，支持复杂的用户名和口令，平台到支付、支付到平台环节进行安全控制设计，及时更新修正应用软件漏洞。数据安全设计中，对平台登录密码、交易数据、在线支付数据等敏感数据加密设计，保留数据修改痕迹，对数据进行定期安全备份。

对应"2.8信息系统安全需求分析"。

图9-52：标准规范设计。

数据标准规范，是用来规范数据接入标准。数据交换规范，是用来设计满足各场馆之间信息资源交换共享，实现统一数据服务。信息共享技术规范，是用来建立元数据管理平台。

对应2.4功能需求分析。

图 9-51 信息安全系统设计　　　　　图 9-52 标准规范设计

图 9-53：运行维护方案。

运行维护方案，对应"2.9 运维管理需求分析"。

图 9-54：项目概算。

图 9-53 运行维护方案　　　　　图 9-54 项目概算

图 9-55：根据"2.需求分析"和"1.3 建设内容"，最后得出项目平台建设预计总投资约 ×××× 万元。

图 9-56：设计方案汇报完毕，谢谢各位领导、各位专家的聆听。

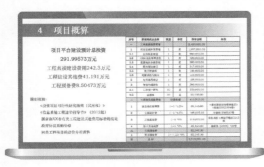

图 9-55 项目概算　　　　　图 9-56 感谢页

9.4　产品演示

　　一般在方案讲解后，紧接着很可能是产品演示环节，在面对客户演示时，要对演示产品非常熟悉，严禁出现不专业和不熟练的现象。

产品演示可以分为硬件产品演示和软件产品演示，两者看似大同小异，实则有天壤之别。

9.4.1 硬件产品演示

硬件产品演示可以分为单硬件产品和联网硬件产品演示两类。

1. 单硬件产品演示

产品上电后，演示产品的主要功能和特色功能。

2. 联网硬件产品演示

依次准备顺序为设备安装、系统设置、联网演示。

（1）设备安装。

现场部署设备，上电后进行设备正常运行测试。

（2）系统设置。

设备通信模块通过有线或者插入 SIM 卡，联网接入系统，在系统中建立"设备档案"和设置"设备参数"，如 IP 地址、端口号等。

（3）联网演示。

通过浏览器访问系统服务器，登录账号完成在线功能演示。

9.4.2 软件产品演示

软件产品的演示，从虚到实可以分为软件产品原型演示、界面演示、Demo 演示、实物演示和其他演示等。

（1）软件产品原型演示。

演示 Axure 等设计的软件原型，主要服务于定制化项目客户。

（2）软件产品界面演示。

演示典型案例的部分截图（视频），主要服务于潜在意向客户。

（3）软件产品 Demo 演示。

演示专门为客户准备的 Demo，主要服务于有初步意向客户。

（4）软件产品实物演示。

演示典型案例的真实软件运行环境，主要服务于重大型项目客户。

（5）其他演示。

以上几种组合起来进行的综合性演示，主要服务于重大型定制化项目客户。

9.4.3 产品演示技巧

演示过程中，重要的不在乎你演示什么，而在于怎么演示。一开口就演示产品功能的顶多算是二流售前工程师，因为客户没有时间去成为我们所演示产品的专家，他们所信赖的是我们的专业知识。

1. 了解产品相关情况是客户的需求

对产品的了解程度越低，客户对产品合作的决心也就越小，即使他们在一时的感情冲动下购买了该产品，也可能会在签约之后后悔。

2. 了解相关产品知识是售前工程师的基本职责

从某种意义上说，售前工程师的工作是通过自己的产品知识为客户创造利益，协助客户解决问题。因此，售前工程师必须坚持不懈地、全方位地、深层次地掌握充分而专业的产品知识，因为你只有一次机会。

3. 如何让产品演示更诱人

演示的本质是为了迎合顾客需求的满足感。因此，一要演示产品，二要讲明利益，一定要明明白白地将产品特性（能给客户带来利益的特点）转化为利益（能够为客户解决问题的价值）告诉客户。

（1）错误演示：向顾客说明这个产品多么好，而不是这么好的产品能给顾客带来什么好处。

例如：大夫销售药的质量和效果，而不是病的危害。

（2）正确演示：演示产品能解决什么问题，或者可以带来什么好处。

例如：演示祛痘化妆品就是带来了新希望、新盼头。

①没有好心情，就没有好事情。你是你产品最重要的一部分，顾客是先接受你再接受你的产品，为成功打扮，为胜利穿着。

②相信别对牛弹琴，要用对方能接受的语言，用对方能接受的方式。多讲结论，少讲技术原理。多讲故事，少讲技术理论。

③学习多用数字说话：每晚只用一度电——某空调。

④赢了争议，输了生意。永远别和客户争论，先肯定对方的观点，再提出自己的立场和观点。

⑤切忌面面俱到，把一点讲透就好。

9.5 技术答疑

技术答疑可以分为非现场答疑和现场答疑两类。现场答疑一般发生在方案讲解时或者产品演示后，因此在方案讲解之前，常常需要提前预设一些可能遇到的问题及相应的答案，面对剩余的一些突发性问题，就可以轻轻松松灵活应变了。

题外话：作者曾经内部竞聘中国联通北京冬奥营销市场专干时，提前预设了4个问题（自我介绍、对岗位的理解、应聘岗位的优势、后期怎么计划开展岗位工作），刚好被全部提问到了。

9.5.1 非现场答疑

非现场答疑（远程答疑）对答复的时效性要求较低，但同时对准确性要求较高，考验更多的是团队实力。

1. 答疑说明

（1）时效性要求不高时，可以多番论证答复内容的准确性。

（2）可以寻求内部、外部帮助。

（3）前后内容、多人输出内容，注意内容保持一致性。

（4）时效性较低，不意味着能无限期拖延下去。

2. 答疑原则

（1）保证答复内容的准确性。

（2）优先选择团队作战。

（3）信息充分共享、口径一致。

（4）尽早答复。

3. 答疑案例

（1）某智能水表项目（硬件产品现场答疑）。

①问题1：产品类型怎么选用？

答：有条件能上有线，尽量上有线。新建小区优选光电直读水表，数据传输稳定性、可靠性好；旧城区改造用首选无线表、卡表、物联网表。

②问题2：水表的口径如何选择？

答：DN15口径的表在现实应用中，完全能满足一个普通家庭的用水需求。而设计院一般出于超前考虑，一般设计为DN20、DN25口径，这是可以采取缩小口径方式处理的。

③问题3：怎么衡量小口径水表的性能？

答：可以从以下几方面来综合评估。

有较大量的供货记录：说明产品较为稳定可靠，能得到用户的认可——针对竞争对手A。

有较大区域范围内的供货记录：说明经得起市场的考验，而非过度依赖某一大客户，潜藏着经营风险——针对竞争对手B。

计量要准确：绝对的核心，如果这个基础都没做好的话，谈其他的都是空话。新型字轮、真四位光电直读、低始动、电磁环境E2等级、掉电关阀功能、通信距离远等，任何时间的实时读数均与水表机械示数一致，不会因停电、网络故障而丢失数据——针对竞争对手C。

使用寿命要长：如同人的寿命一样，产品也有自己的寿命。产品的寿命一般可分为自然寿命与经济寿命。所以材质要好（铜壳，可以回收），防冻、防泡水（IP68防护等级）、电池使用寿命长——针对竞争对手D。

较长的制造历史：说明有固定、成熟的工艺技术和标准，保证水表产品的工艺质量、三防工艺、液封工艺——针对竞争对手E。

④问题4：无线水表电池寿命？

答：表功耗是$30\mu A/h$，年工作功耗是262.8mAh。电池容量是4Ah，电池有效电量按50%计算：$4000\times0.5/262.8=7.6$（年）。

（2）某物联网服务平台项目（软件产品远程答疑）。

①问题1：末端设备数据采集实现方式有哪些？

答：末端设备分已接入系统和未接入系统两种。

已接入系统的设备数据，可以通过ETL数据接口方式。

未接入系统的设备数据，可以通过在设备上安装一台定制"前端智能设备"采集数据。以X光机为例，在X光机上安装一台黑盒，就可以实现X光机的数据采集。

②问题2：数据采集功能有哪些？

答：数据采集功能有如下几点。

设备接口封装与管理。设备接口封装，屏蔽底层异构性。

设备模型注册与管理。设备模型注册，可供设备实例化使用。

设备智能调度与共享。为各设备实例建立调度进程，监听设备认证、寻址、协同调度等请求，实现设备调度与共享。

设备智能分析与服务。对设备数据采集任务进行生成与配置，对设备数据进行统计分析。

③问题 3：数据采集技术特点有哪些？

答：数据采集特点有如下几点。

一处接入、全网共享。不同智慧应用可以共享设备资源能力，能力共享、能效倍增。

按需获取设备的数据。选择所需设备及所需的设备模型，提交设备使用申请。

支持设备全程管控。开设设备数据采集线程服务，对设备进全程监控。

④问题 4：数据采集技术优势有哪些？

答：数据采集技术优势有如下几点。

智能化程度高。数据采集支持各种复杂类型的设备，支持广域覆盖。

扩展性强。设备可动态接入、动态扩展，按需灵活组装，快速部署，支持动态多变的设备采集需求。

信息域和物理域融合。设备不再局限于传统方式，只接入系统，还可以通过系统实现与其他设备互联：A 设备与 B 设备实现互联。通过统一管控，设备能力得到充分共享、释放，避免重复建设。

9.5.2　现场答疑

与客户、专家面对面作技术沟通时的现场答疑，一般要求及时给出较为满意的答复，最考验方案讲解人的知识积累和灵活多变能力。

1. 答疑说明

（1）可以选择一人回答或者多人回答，团队内部事先分好工，商务问题归商务应答、技术问题归技术应答，多人应答时分配好主次顺序。

（2）答复内容要通俗易懂，有逻辑，层次分明，容易赢得客户的信任感和认同感。

（3）做不了主的或者实在回答不上来的难题，可以答复先请示领导或同事再行补充。

（4）存有异议时，保持低调，建议不与客户、专家争辩，说者无意听者有意，可能会让专家觉得很无礼。

2. 答疑原则

（1）不抢答，对外内容口径一致。

（2）让客户或专家似懂非懂，做到恰到好处的完美。

（3）不强行应答，如果答错，很可能带来极其负面的后果。

（4）应答时显得很专业，语气和态度上都尊重客户或专家。

3. 答疑案例

（1）某智能水表项目（硬件产品现场答疑）。

①问题 1：智能水表都有哪些种类？

答：原则上，不向客户推荐 3 款及以上类型产品。主要是将来供货方便，工程安装和售后服务也方便，客户也好管理及维护。

②问题2：商业用户的水表安装在井盖下，湿度大，水表的防水能力如何？

答：产品具有IP68高防护等级，可以长期在井盖下湿度较大的恶劣环境下工作。

③问题3：抄表最好能抄到小数点后2位？

答：完全没有必要，因为收费是按吨来收费的。

④问题4：电子式水表只有液晶屏幕，又没有齿轮、指针，用户怎么放心确认用了这么多量的水？

答：电表现在都只有液晶屏幕，用户都比较认可，这也是一种趋势。滴滴打车的出现，改变了人们出行打车的方式。余额宝的诞生，改变了人们存款的途径。相比机械水表，电子式水表始动量更低、计量精度更高，可为自来水公司带来更多的收益。

⑤问题5：现已上了其他厂家水表，如果表坏了，你们可否直接更换？

答：如果是卡表，是没法单个更换的。如果是远传表，如果测试可以互联互通，是可以更换的。

（2）某物联网服务平台项目（软件产品现场答疑）。

①问题1：智能港是什么？

答：智能网是A公司首先提出的概念，智能网是基于互联网和物联网形成的，以支撑智能交互、控制共享和智能分析为基本特征的新一代网络。智能港，基于智能网上运行的数据港，用于数据资源的存储、管理等。港口英译为port，反翻译过来也可以理解为端口，即智能网服务端口。

②问题2：前端采集设备是否有成熟的产品？还是有能力研制，还需要协调设备管理部门来负责？

答：视设备类型来定，有些设备已经具有相应成熟的采集产品，有成功的项目应用案例，同时其他设备可以提供定制化开发。

③问题3：物联网依赖的网络环境是什么？4G/5G、卫星都支持？还支持其他什么通信手段？

答：网络只是一种通信方式，原理上都是支持的，具体通信方式根据应用场景需求来定。

④问题4：如果通过协同接进来，是不是就不需要物联网了？

答：理论上来说是这样的。全部由其他系统的数据接入的话，做一个大数据屏就可以了。实际应用中，物联网应用系统覆盖范围很广，有设备通过系统对接的，有设备通过直连接入的。

⑤问题5：能够解决什么问题？给用户带来了什么实际效益？

答：大范围内实时掌握各类末端设备的客观信息，并通过共享与控制设备最大化发挥设备能力、减少重复建设。

9.5.3　技术答疑技巧

答疑是一方为另一方解疑释惑的过程，它存在于工作和生活的各个方面。能力和实力是答疑的有力保证，优秀的答疑技巧和能力是可以锤炼的。

1. 困惑

（1）同样的产品、同样的内容，为什么我的答疑总是那么艰难呢？

（2）为什么比我技术差的同事去答疑，反而能获得客户表扬呢？

（3）为什么客户往往不听我的解释呢？

2. 感叹

现在客户变得越发精明，越来越不好说服了。

3. 本质

事实上，分析一下提问者的心理，没有一个提问者"真的很在乎你的产品"，他们只会关心自己如何通过提问的方式达到他们的某种目的，他们所表现出来的种种都只是一种假象，示例如下。

（1）示例1。

假象1：产品功能虽然有很多，但是没看到我所想要的功能，某品牌产品功能就很好用。

真相1：纯属无稽之谈，肇事者，该提问蓄谋已久。

技巧1：如果是第一位提问的话，必须坚决怼回去，不然带了一个坏头，影响十分恶劣。应对策略如下。

①不动摇：摆明自身立场不再让步，对底线坚持，对人温和。此时切忌再诽谤其他公司、其他品牌、其他人，递给对方进攻的把柄。

②有感染力：以肢体动作来提振和表现信心与决心。

③选择性忽视：如果是过程中某一位提问，在不影响预定目标大局的情况下，微笑而过，让对方自感无趣，同时不能让对方觉得失了面子。

（2）示例2。

假象2：产品稳定性差，老太太一样絮絮叨叨翻出了陈年旧账。

真相2：纯粹无事生非，闹事者，心中已有意向品牌，遇有争论很可能将升级到人身攻击。

技巧2：良好沟通，不断缩小双方的分歧，设定目标，主动达成一致。应对策略如下。

①面无表情回应压力：控制情绪，回应对方的提问时，倾听、脸上无任何表情，不带任何感情色彩词汇回答。

②火力侦察：通过适当的言语停顿，加强对方的紧张状态，让对方参与其中，用话题挑衅，刺激对方表态，探得对方底牌，若上升到人身攻击，无须怯场，如此只会让旁人更能看清狐狸露出的尾巴。

③出其不意：采取疲劳策略，待其唠叨完后，声东击西使其松懈，突然改变答疑方式，破坏对手心理平衡，使其猜不出你下一步的策略。

（3）示例3。

假象3：产品功能很多，都是些基本的，市面上类似产品很多。

真相3：纯属无从置喙，搅局者，先褒后贬，后续大概率还会举例来佐证他的观点。

技巧3：有意犯错，诱导对方表态，借题发挥，达到目的。应对策略如下。

①起点高：寻求客观标准，按照客观标准进行答疑。

②避免无益的争辩：技术答疑本应该成为一种愉快的、和平的思想交流。其实双方不必伤害对方，都可以增加利益及满意度。

③借助一个威望较高的代言人：既赢得对方尊重支持，又支持你的立场。

（4）示例4。

假象4：我们对产品的要求很高，对你们产品的期望也很高，但看了后感觉和小公司差不多。

真相4：纯属无中生有，拆台者，他自己什么期望都不清楚，仅仅是出于否定而否定。

技巧4：采取审慎态度，确认对方提问目的，探寻双方共同点。应对策略如下。

①不轻易承诺：承诺改进之类，等于变相承认自家产品的不足。

②各个击破：与一群专家答疑时，应对事不对人，把握机会，设法说服其中一个，强调共鸣。

③中断答疑：在一定的时间内保持沉默、中止答疑，当情况好转之后再回来重新答疑。只要你不尴尬，尴尬的就是对方。

菩提本无镜，何处惹尘埃。

世上本没有无缘无故的爱，也没有无缘无故的恨。当恨一个人时，他连呼吸一口空气都是浪费。

事实上，当对方内心有一定结论时，再高深的答疑技巧都将无功而返，武功再高也怕菜刀，起床再早也不及通宵。真正的善良，从来都是无声，愿每一位售前工程师每一次答疑都无争，人间美好。

第 10 章

关于方案的一些思考

自工作以来，作者编制过大量的方案，一直把这些方案当成一面镜子，时时剖析自己、反思自己，深刻认识自己的不足和缺点。下面分享一些失败方案与成功方案的编制经验与教训，以及在编制过程中的关于工作、关于团队、关于自身方面的一些工作感想与体会。

最后从产品管理思维、人员管理思维、项目管理思维三个维度来解析方案编制的工作过程，以呼应前文从市场类、技术类、实施类三个类别所阐述的方案编制工作原理。

10.1 方案编制经验与教训

方案失败了不可怕，因为它就像被砍伤了的树枝一样，但只要伤口结痂了，伤口就是整棵树木最坚硬的部位。所以，只要我们经常总结方案编制经验与教训，以后就可以轻轻松松地胜任方案编制工作。

10.1.1 关于失败方案的思考

作为一个整体团队编制出来的方案，如未能达成理想的目标，很值得反思，其中可能存在以下原因。

1. 整体组织与协调失败

（1）领导定位失误，未发挥自身本该有的中枢功能。

（2）任务拆解不合理，某成员被分配过多的任务而耽误整体进度。

（3）项目成员未能较好地理解任务，方案不是客户想要想看的。

（4）未作好吹哨人，时间就是生命，赢得时间就是赢得项目。

2. 人员管理分配不到位

（1）拆解成的各项任务模块，未设小组长管理，人事一片混乱，忙的忙死，闲的闲死，大伙都是各行其是。

（2）部分人员长期未能正常下班，总在加班。

（3）沟通渠道不畅，项目信息不分享，其间意见也未能实现统一。

3. 编制质量不高

（1）有些成员为了赶进度，采用复制相关内容的方式，导致编制质量低，进而耽误进度。

（2）格局不够大，项目成员焦点和精力主要局限于所分配的任务，只关注自己的一亩三分地，未重点关注整体，全局观不够大。

4. 进度太慢

（1）未有较强的时间管理概念和时间计划安排，编制过程中，无强烈的时间紧迫感，整体气氛比较轻松。

（2）难度较大的模块，未能实现较好的合稿，间接拖延了时间进度。

5. 资源获取力度不够大

资源就是生产力，巧妇难为无米之炊。一旦项目激励政策、资源分配力度不给力，团队成员工作积极性不高。

10.1.2　关于成功方案的思考

失败的方案各有各的不幸，成功的方案都是相似的。

1. 有目标

拿到需求后，一定要问清楚目标。如果需求是领导亲自提出的，怎么办？也一样得问清楚。这个方案给谁看？预想达成什么样的效果？

类似去相亲约会一样，去和哪类群体相亲？是白领还是蓝领？是公开场合相亲还是私下相亲？

2. 有思路

构思好方案、列出方案主体目录是关键核心步骤。

3. 有资料

拿到已有的素材如现场调研资料、上一版本方案、客户反馈意见，以及前往相关单位官方网站、学术网站、论文期刊等查找相关资料。

4. 有定制化

根据客户实际情况进行有针对性的增、删、改。

5. 有校准

（1）检查目录：核实内容是否齐全。

（2）检查图表：各类图（系统架构图、网络拓扑图、技术架构图、数据架构图、部署架构图、业务流程图等）、各类数据统计表等。

（3）检查数据的真实性：有人填了一些不真实的数据，专业人士稍微一看，就知道是假的。

（4）检查数据的严谨性：某些计算公式应该除以 1024 时，写成了除以 1000，表面上似乎无关大雅，细节见真章，会降低客户的好感、让客户怀疑公司及方案的专业性。

（5）检查内容：建设目标、需求分析、建设内容是否一致，其中建设内容应重点、仔细检查。

6. 有发出

确认格式无误后，转换为 PDF 文件，正式一点，以邮件方式发出，不作特别要求的话，也可以通过钉钉或微信软件方式发出。

最终输出一份标准化建设方案，以减少后期重复工作。

10.1.3　关于方案比选的思考

没有对比就没有伤害，方案也是如此，所以所谓的失败方案和成功方案其实是相对的，是通过对比选出来的。

某天作者提供相同的方案素材，同时交代售前工程师 A、售前工程师 B，分别编制了解决方案 A、解决方案 B，然后对两个方案从方案的封面至结尾进行一一比对，比对结果大致如表 10-1 所示。

表 10-1　方案比对结果

类　别	解决方案 A	解决方案 B
方案名称	比较精准。命名为"基于 OpenStack 云平台的漏洞检测平台"	只是环节中某一个功能模块，命名却超出了建设内容范畴。命名为"某中心漏洞安全全生命周期管理平台"
方案编制说明	有。类似于招投标索引表，针对项目需求，响应内容具有页码指向	无
目录	最后定稿后，全文有更新域，同时目录页码和正文页码有区分	改动后，忘记更新目录，少量标题内容和页码指向错误，正文页码续目录页码
正文整体架构	基于大项目的总体架构出发编制的子项目方案，方便客户后期进行二次利用方案，省心省力	基于公司现有基础出发，只聚焦自己关注部分，客户拿到方案不一定好用，也就可能不会用。为能切分更多的蛋糕，作者曾被销售经理要求不采用客户所提供的模板，对目录架构和内容进行大改，结果客户完全没法用，客户只好推倒重来
项目背景	简洁	篇幅过多，总共才几十页的方案，项目背景篇幅竟然长达 3 页
需求分析	响应完整需求。为了商机，强行满足需求，但后期落地是个难题，需要销售经理从商务侧进行配合	响应部分需求，删除不满足项需求，造成内容残缺，极大可能直接丢失商机。子项目 5 个子模块，受限于技术能力，只响应了其中 3 个子模块
设计依据	去除无关的标准规范	采用通用的标准规范
建设目标	有一定吸引力，针对大项目的总体架构，根据建设内容，编制有特色的建设目标	太简洁，可能让人失去继续阅读的兴趣
内容结构	结构清晰，5 个子模块在总体设计中采用的是总分式结构，增设"建设内容"进行统领	3 个子系统在总体设计中采用的是分分式并列独立结构
标题	将章节特色加至标题，增强阅读吸引力，例如"一览无余·漏洞详情"	普普通通的标题"漏洞详情"
内容行文	每个标题都有总结性引文，客户不需要通读完全文，就可以理解和掌握大概	大标题下，直接跟着小标题。 说明：如果只提交电子文档，影响不大，可以单击视图→导航窗口，目录结构一目了然。如果提交的是纸质文档，阅读者只能一页一页往下翻

类　　别	解决方案 A	解决方案 B
内容篇幅	5 个子模块篇幅相差无几，对篇幅多的进行了精简	3 个子模块的接口描述所占篇幅相差很大，篇幅最多的有 22 页，篇幅最少的只有 3 页
内容图片	重新绘制进行了美化	原图（设计稿图）
内容文字	5 个子系统的子模块章节标题一致、详细内容描述一致	3 个子系统的子模块章节标题不一致，详细内容不一致 例如同样的"系统架构"章节，有的子系统内容描述只包括系统架构图文，而有的子系统内容描述包括系统架构图文和系统工作原理图文
接口描述	用图、表直观方式展现	全文通过文字描述，且描述内容不一致，例如有的接口描述包括输入、输出、描述三部分，而有的接口描述包括接口功能、接口规格、请求消息、响应消息等
典型案例	有	无
公司介绍	有	无
全文格式	格式统一、编号统一	格式问题很多，其中 2 处出现空白页

　　两份方案内容实质大同小异，但最终呈现给人的感受是不一样的，明显方案 A 与方案 B 相比整体质量上略胜一筹，恰恰也回答了序言中的第三个问题"同样的素材，怎么体现出你写的方案比你同事写得更优秀"？其实写好方案，无他途，唯有用心。

　　带着这样的思考，招投标要求我们编制设计优化方案时就显得非常轻松了，其目录内容如下所示：

---

　　1. 设计优化方案

　　示例：计划从技术方案、技术指标与功能实现、技术应用、自主可控、试验检验、质量保证、进度安排、技术服务、人力资源、配套能力等进行设计优化。

　　1.1　设计优化目标

　　示例：在满足谈判文件要求基础上，通过优化设计，进一步提升项目建设质量、服务质量，全面满足用户需求、提升用户体验。

　　1.2　设计优化原则

　　示例：细节化、具体化、操作化。

　　1.3　技术方案设计优化

　　示例：本次谈判文件仅为单一测试工具的采购，未能较好地覆盖用户全部的工作范畴，所以建议用户考虑后期逐步建立健全完整的测试工具链，以下是我司关于××领域的技术解决方案内容的描述。

　　1.4　技术指标与功能实现设计优化

　　（1）正偏离项的描述。

　　（2）不合理甚至负偏离项的设计优化说明。

1.5 技术应用设计优化

1.6 自主可控设计优化

1.7 试验检验设计优化

1.8 质量保证设计优化

1.9 进度安排设计优化

1.10 技术服务设计优化

1.11 人力资源设计优化

1.12 配套能力设计优化

以上根据项目投标实际应答情况，参考上述目录填充内容即可。

10.2 方案工作感想与体会

如果员工与工作不匹配，对于公司来说不会影响大局，只是损失了一个月几千元到几万元的工资罢了，但对于个人来说，付出的成长代价可能就更大了，所以我们经常需要对自身的工作、所属的团队进行思考。

10.2.1 关于工作的思考

关于工作的思考，可以分别从工作岗位和工作方法进行。

1. 关于工作岗位的思考

IT售前工程师，在研发工程师同事视野里是销售，在销售经理同事视野里又是研发，有点像猪八戒照镜子里外不是人。造成如此尴尬的局面，究其根本原因无外乎是售前工程师的来源。

也许某一天企业领导到合作伙伴公司展厅参观时，一听讲解效果不错，扭头就安排人事经理去招聘一个售前工程师，可能他真正缺的是一位漂亮的商务接待。也许某一天企业领导在做技术交流时，看到对方PPT做得不错，回公司路上就安排行政经理去招聘一个售前工程师，可能他更缺的是一位美工。诸如此类，售前工程师总算是冠以各种名目头衔录聘进来了，当他们解决完领导们一时兴起关注的事项后，后续公司如何进一步安排他们呢？领导们也无从下手，或是安置在产品研发中心，或是安置在项目交付中心等不一而足。接下来等待售前工程师们的可能会被闲置浪费，也可能会面临堆积如山的方案编制任务。

2. 关于工作方法的思考

对于售前工程师岗位的工作方法，下面有一些看法。

（1）在当今社会，一个人的精力是有限的，靠一个人单打独斗肯定是难以实现的。工作中需要借助和利用好团队的力量，再普通的水果刀，只要数量多，也可以发挥出屠龙宝刀的功效。

（2）在项目合作中，既要有速度，又要有激情，还要对所有的项目成员需要进行一个明确合理的分工和协调。在项目中，上下游各个环节需要多加强沟通和了解。

（3）当工作中，有多个项目同时进行时，需要学会安排多个项目经理去分忧，而不是自身一个全程跑去提供保姆式的服务，让自己忙得抽不开身，让员工得不到锻炼和成长，让项目存在着风险。

（4）疫情期间业绩经营惨淡，看到 CEO 一人承担起全部的责任，对领导有了更多的理解和支持。

作为领导，他不仅担负起他个人职业及其家庭生计的责任与重担，而且担负起成百上千的下属员工就业及他们家庭生计的责任与重担，决策一旦稍有不慎，如坠悬崖万劫不复。

食君之禄，分君之忧，每一位下属都要学会积极主动地帮助领导解决他的困惑和难题。

（5）对领导安排的事情，更多的是全力去执行，不再去怀疑和质疑，从"全力以赴"状态提升为"全力以搏"状态。

（6）从工作开始，要树立高远目标，敢于去挑战，在目标实现要求上不打折扣。

有了目标，有了激情，再制订好可行的工作计划，相信每个人都能实现他最初的理想。

（7）学会感恩，感谢公司、感谢公司提供的平台，让自己有一个发挥和表演的舞台。

（8）当工作中遇到瓶颈或问题时，不去推卸责任，而是勇于积极主动地承担责任。

10.2.2 关于团队的思考

关于团队的思考，对团队成员有了更多的包容心态。

（1）人需要相信自己的能力，但也需要团队其他成员，更需要信任团队其他成员。

（2）放低姿态，学会与团队成员及时地分享信息、共享信息。

（3）在团队合作中，不埋怨、不指责、不抛弃团队成员，当团队成员遇到困难时，及时牺牲个人的自我小利益，并及时出手帮助他们，和他们一起共同解决苦难，而不是麻木不仁、袖手旁观、哄笑。

（4）学会激励团队，学会与团队成员互相加油打气，鼓舞和提升团队成员的士气。

（5）让团队成员高兴也是一种非常特殊的能力。

（6）应该与团队成员采取高效、非暴力的沟通方式。

（7）与团队成员沟通时，应该采取一个声音发声、其他人聆听的方式。

（8）对待团队新成员，需要更多授人以渔，而不是授人以鱼，让他们可以更快、更好地独当一面，为公司为团队做出更多的贡献。

10.2.3 关于自身的思考

关于自身的思考，有了更深层次的清醒认识。

（1）学会发现并挖掘自身的优点，并进行强化。

（2）学会发现自身的缺点，并进行逐一进行弥补和提升，解决自身短板问题。

（3）勇于承担别人犯下的错误，不论是在公司还是在家庭，都需要做一个有担当的人。在公司里要成为好员工、好下属、好领导，在家庭里要成为好丈夫、好儿子、好爸爸。

（4）要学会做一个对他人有用的人。

（5）不要做一个自以为是的人。

（6）世上没有不可能实现的目标，只是自身的潜力还未得到足够的激发而已。

10.3　方案中产品管理思维

方案中产品管理思维主要包括产品布局标准化、产品方案工具化、产品需求流程化、产品组合策略化、产品指标动态化等。

1. 产品布局标准化

产品布局要积极参与国际标准、行业标准、地区标准等标准规范文档的编制，高屋建瓴，真正意义上践行"攻山头、控平台"理念。

2. 产品方案工具化

据不完全统计，方案编制占据了售前工程师们 50% 以上日常工作时间，只要掌握相关技巧和方法，就能大幅节约时间，提高售前工作成效。例如，针对每一个行业解决方案大可制作一份完整版及一份简洁版，每一类产品介绍可制作一份产品介绍方案 PPT 版和 Word 版。

组合输出标准化的产品销售工具包，可为一线销售提供实际可靠的支撑，销售经理初次去拜访客户时，可直接拿此类方案去，同时大大减少售前工程师们重复性的劳动。

标准化的销售工具包常包括：

（1）公司介绍（含展厅介绍）。

（2）产品资料（含技术白皮书）。

（3）解决方案（含行业解决方案 / 产品报价清单表）。

（4）宣传资料（含宣传画册、一指禅）。

（5）行业资料（含竞争对手分析）等。

方案标准化之后，销售经理们对其稍微培训，都能根据项目需要，自行组装成一份较为满意的定制化方案。

不利影响是需要售前定时更新模板库，同时售前工程师的岗位可替代性风险大幅增加，需要售前工程师们不断充电提升自己的竞争力。

当然，与用户需求相匹配，有逻辑、有内容的解决方案，不是销售经理们能简单组装出来的，而是要有长时间的工作经验积累的售前工程师才具备的。就像医生一样，工作时间越久越有价值，不存在 35 ~ 40 岁危机，在用人市场是被争抢的。想换个薪资相对在线的工作很容易，只有你挑单位，而不是单位来挑你。

3. 产品需求流程化

方案编制需求如果模糊，一定会造成极低的工作效率。通过方案需求说明表（见表 11-23），明确方案编制需求，可有效提升方案编制质量及编制效率。

4. 产品组合策略化

能将公司不同的产品，进行灵活组合成不同的解决方案。例如将 A 产品和 B 产品组合成质量方案，将 A 产品和 C 产品组合成安全方案，将 A 产品、B 产品、C 产品组合成质量安全方案。

5. 产品指标动态化

产品指标进行动态化设置如表 10-2 所示，根据该表可以更好地应对招投标活动。

表 10-2　标准产品指标

类别	指标内容	商务指标	是否可控标	是否可演示	特殊指标（在研）
功能					
性能					

备注：商务指标是指技术指标可出具的第三方检测报告、专利、软件著作权之类支撑证书。

10.4　方案中人员管理思维

方案中人员管理思维主要包括新进人员管理、出差人员管理、投标人员管理、流失人员管理、销售人员管理等。

随着工作资历的增长，有一部分售前工程师逐渐成长起来走向管理岗，工作重心由做事转变为管人，此时就好比屠夫扔掉了剁骨刀，拿起了绣花针，亟须向外、向内取经补足。

10.4.1　新进人员管理

新进人员是新鲜血液，任何一家企业保持一定的员工流动都是正常的，正所谓"流水不腐，户枢不蠹"，有旧人辞职，也就会有新人入职。

那么新进人员能力提升了，一则可能会威胁到自身在公司的地位，二则实力提升很容易让新进人员有跳槽的想法。而新进人员能力一直得不到提升，这活干不了，那活也干不了。任务催急了，就只能自个亲自操刀上阵了。

新进人员能力要不要提升，可能是一个伪命题、送命题。兵熊熊一个，将熊熊一窝，下面且以提升新进人员能力为目标来探讨。

通过对新进人员进行技能培养，可以提升员工归属感和幸福感，进而发挥项目成员优势，最大限度激发项目成员的活力和创造力。同时着力考虑和保障团队成员利益，促进团队全体成员共同发展。

1. 提升方向

不同公司对售前工程师岗位工作的理解会有所侧重，相应地形成不同的发展方向和提升方向。

（1）对内型售前。

主要从事文档类工作，例如方案编制、招投标等文案类工作。常见于大中型企业，一般设有独立的方案组、投标组。

（2）对外型售前。

主要从事交流类工作，例如产品宣讲、商务接待等性质的工作。常见于微小型企业，任职于销售部或者市场部。

（3）杂务型售前。

对内提供文档编制服务的同时，还需对外输出技术交流服务。常见于中小企业，多与项目经理岗复用。

2. 提升路径

规划好学习提升路径，有目的地不断提升下属工作技能，才能更好地为公司发展增砖添瓦。

（1）理论培训。

①专业知识：云计算、大数据、物联网、数据库等 IT 专业知识。

②行业知识：金融、电力、烟草、交通等行业知识。

③其他知识：《中华人民共和国招标投标法》《中华人民共和国政府采购法》等国家有关法律法规知识、人文地理常识等，其中沟通技巧知识如表 11-24 所示。

（2）实战模拟。

①方案练习：组织新进人员进行方案模拟编制竞赛。

②投标文件编制练习：组织新进人员进行投标文件模拟编制竞赛。

③演讲练习：组织新进人员进行模拟演讲，互相点评。如果在演讲时，自己人都不敢相信你讲的方案，客户中有谁还会相信你呢？自己人都听不懂你讲的方案，客户中有谁还能听懂你呢？

10.4.2 出差人员管理

出差人员出门在外，并不意味着放养，尤其是对售前工程师可以从出差前、出差后两个阶段实现有效管理。

1. 出差前

通过审核销售经理提交的售前支持申请，如表 11-25 所示，评估售前出差的意义及必要性。

2. 出差后

（1）查看销售经理提交的售前效果反馈表，如表 11-26 所示，评估出差期间售前工程师们在技术交流、现场调研、方案讲解等方面的表现。

（2）查看售前工程师提交的项目跟进报告，如表 11-27 所示，掌握项目进展状态。

10.4.3 投标人员管理

项目招投标时，参与投标人员众多，有购买招标文件的销售经理，有提供技术支撑的产品经理和测试经理，也有提供财务报告和投标保证金付款的财务经理，还有提供资质文件和公章用印的行政人员等。

所以，只有将项目投标流程进行固化，并形成规章制度，才能深入人心。如此一来，不但可以实现对售前工程师内部人员的直接管理，还可以实现对研发、销售、行政等外部门人员的间接管理，保证招投标工作的顺利运转，项目投标流程示意图如图 10-1 所示。

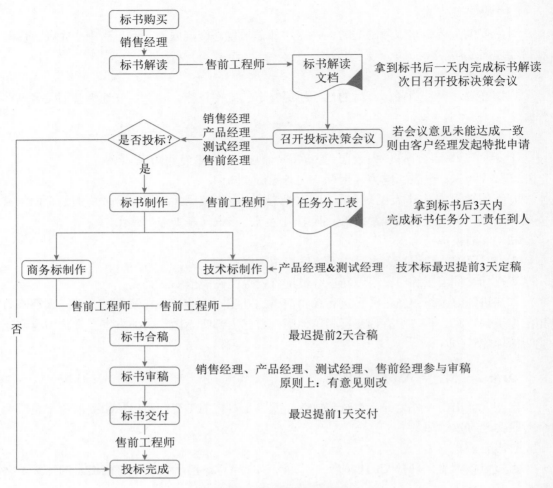

图 10-1　项目投标流程示意图

上述流程普遍适用于销售经理购买招标文件的投标项目，特殊项目投标可能需要另议。

10.4.4　流失人员管理

如果说员工是企业最宝贵的资产，那么流失人员就是企业的流动资产；如果说员工是企业的资金，那么流失人员就是企业的流动资金。即使是被优化的流失员工，也必然有其可取之处，不然当初也不会被录用。关键是如何把这些流失人员所积累的宝贵经验留存下来。

除了组织日常的交流分享经验之外，还可以通过建设知识库方式来应对。某企业售前知识库组成示意图如图 10-2 所示，知识库上传文件时，建议统一文件命名方式，例如 01- 文件名 -V0.0.1-20230101-XZ（上传人名拼音缩写）。

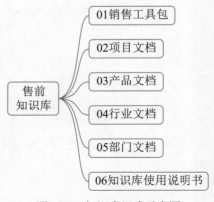

图 10-2　知识库组成示意图

售前知识库主要由 01 销售工具包、02 项目文档、03 产品文档、04 行业文档、05 部门文档、06 知识库使用说明书等组成，基本覆盖售前支持部门日常使用需求。

1. 销售工具包

顾名思义，销售工具包是为一线销售经理们准备的武器。可选择向销售经理开放报告者权限，供他们自行下载，某企业售前部门知识库 - 销售工具包示意图如图 10-3 所示。

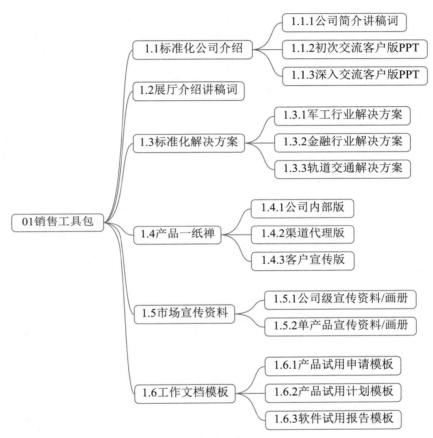

图 10-3　知识库 - 销售工具包示意图

2. 项目文档

可将所有项目文档按 01 售前技术支持、02 产品试用、03 产品交付与升级、04 售后技术支持进行归纳汇总，某企业售前部门知识库 - 项目文档示意图如图 10-4 所示。

（1）售前技术支持模块主要包括售前支持过程所生产的知识内容，如图 10-5 所示。

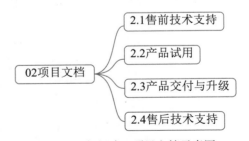

图 10-4　知识库 - 项目文档示意图

其中，招投标评分汇总表中的商务评分模板和技术评分模板可选择向投标成员开放开发人员权限，供他们自行上传更新文档。

客户交流文档所需项目信息如项目背景、项目干系人、项目时间规划等，应由销售经理负责提供。

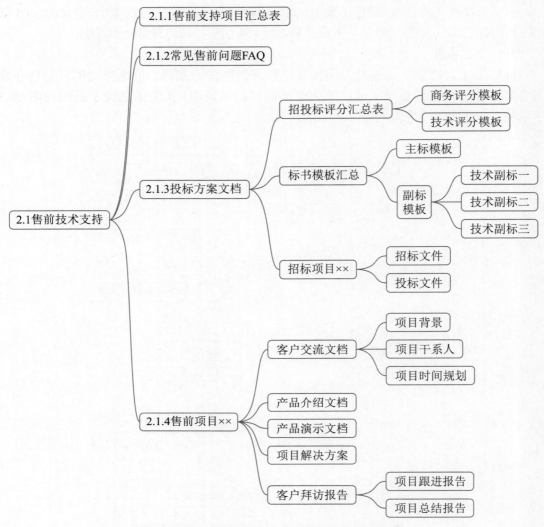

图 10-5　知识库 - 项目文档 - 售前技术支持示意图

此外，还应从技术层面，根据售前工程师拜访情况来分析、评估项目成功的可能性。

（2）产品试用模块主要包括产品在客户现场试用过程所生产的知识内容，如图 10-6 所示。

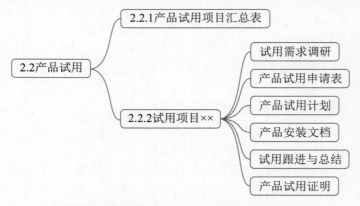

图 10-6　知识库 - 项目文档 - 产品试用示意图

产品试用是一把双刃剑，虽然在大多数情况下，产品试用有助于加快项目进程及提升项目成功概率，但是如果客户不要求，售前工程师是不能也不会主动向客户提供试用服务的。

（3）产品交付与升级模块主要包括产品在交付过程或是升级过程所生产的知识内容，如图10-7所示。

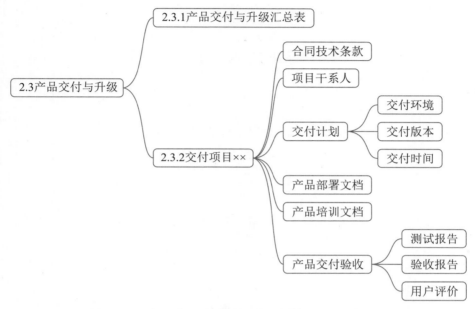

图 10-7　知识库 - 项目文档 - 产品交付与升级示意图

这里主要是售前工程师向项目经理进行资料交接，可选择向项目经理开放开发人员权限，供他们自行下载项目文档或上传更新文档。

（4）售后技术支持模块主要包括售后支持过程所生产的知识内容，如图10-8所示。

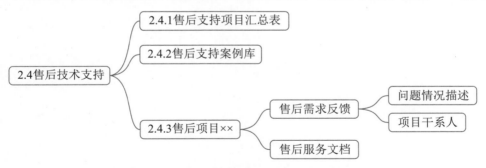

图 10-8　知识库 - 项目文档 - 售后技术支持示意图

毕竟大多数的售前工程师兼有售后技术支持角色功能，当遇到售后难题，可从售后支持案例库中快速寻找到答案。还可以通过售后支持项目汇总表，挖掘老客户新需求，从而获得新的售前商机。

3. 产品文档

产品文档主要由产品经理提供，因此可选择向产品经理开放开发人员权限，供他们自行上传更新文档，某企业售前部门知识库 - 产品文档示意图如图 10-9 所示。

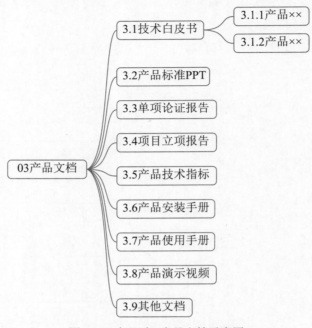

图 10-9　知识库 -产品文档示意图

4. 行业文档

行业文档包括行业技术、行业竞争对手信息，以及根据行业发展趋势提供的产品优化改进建议。可选择向研发人员、测试人员开放报告者权限，供他们自行下载，分享行业信息，某企业售前部门知识库 - 行业文档示意图如图 10-10 所示。

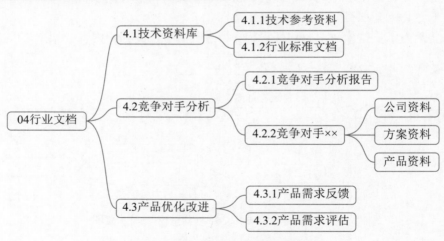

图 10-10　知识库 -行业文档示意图

5. 部门文档

部门文档专项服务于售前部门人员，可选择向人力资源开放报告者权限，供他们自行下载，某企业售前部门知识库 - 部门文档示意图如图 10-11 所示。

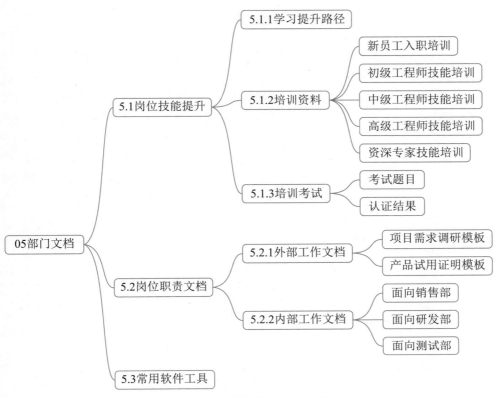

图 10-11　知识库 - 部门文档示意图

其中技能认证结果与绩效考核结果可以进行互动相关联。

外部工作文档有助于对外部客户开展售前工作。

内部工作文档有助于避免售前部门与兄弟部门产生不必要的纠纷。

10.4.5　销售人员管理

没听错，售前工程师完全可以从业务上对销售人员进行管理，当然不是从行政上对销售人员进行管理。曾几何网上流行过一个段子，很多售前工程师将其奉为圭臬，认为形象地描述了售前工程师和销售经理之间的分工。

有一天，售前工程师和销售经理一起去打猎，售前工程师开着车，销售经理扛着枪在副驾驶座上坐着。到了一片森林，售前工程师把车停稳了，对销售经理说："你去吧，我等你的好消息"。

销售经理下了车，走进森林寻找猎物。不一会儿，售前工程师听到远处"砰"的一声枪响。紧接着就看到销售经理拖着枪正往车这边跑来。他后边跟着一头受了伤的一瘸一拐的狗熊……情况万分紧急，售前工程师连忙发动引擎，迎上去准备接上销售经理逃命，销售经理跑到了车门口，可狗熊也跟过来了！

说时迟那时快，就见销售经理打开车门，身子一躲闪，顺势一把将追上来的狗熊推进了车里，然后"咣"的一声将车门推上，车里售前工程师和狗熊就打起来了……

车外销售经理此时不慌不忙地点上根烟，冲车里的售前工程师说："兄弟，你把它搞定，我再去找下一头去。"

大多数 IT 售前工程师心中默认，在市场销售过程中，销售经理牢牢占据着主导地位，售前工程师只是打打配合，其实并不然。

担任项目经理期间，作者曾反复叮嘱项目成员，安全第一，涉密的材料绝对不能为了节省几百元的出差成本，或者图省事图方便，通过公网进行传输，然后出问题了。销售经理和售前工程师去打猎也一样，遇到凶猛动物时，犯不着独自面对危险猎物，我们可以采取围猎，可以挖陷阱下套，甚至还可以驯养猎物走上定居生活（原始社会逐渐向奴隶社会过渡的标志）。生活在 21 世纪现代社会的我们，难道还需要采用原始社会捕猎方式？

生活需要智慧，工作同样需要智慧，前人告诉我们可以是智取生辰纲、智取威虎山的。孙子曰：不战而屈人之兵，善之善者也。故上兵伐谋，其次伐交，其次伐兵，其下攻城。能智取，绝不硬拼，难道我们现代人还不如古人，还不懂得这些道理吗？

售前工程师应作为企业总部智慧大脑、指挥大脑，是有权利也是有义务借助工作流程完成对销售人员进行有效的管理的，如表 10-3 所示。

表 10-3　解决方案销售工作流程表

序号	项目阶段	销售输入	销售输出（售前输入）	售前输出
1	目标客户梳理	市场营销方案 销售指导手册	划定重点行业客户名单，细分重点跟进客户名单	市场宣传方案
2	初次电话沟通	产品一指禅 宣传画册	概述客户产品 / 解决方案需求方向以及预约首次上门拜访时间	销售工具包
3	初次拜访（单独）	PPT 标准版	客户当前最迫切需要解决的问题，以及预约技术交流时间	PPT 定制版
4	技术交流	PPT 定制版	客户拜访报告	技术交流报告
5	产品试用	产品试用申请	客户与售前人员协调到位	试用安装部署
6	试用汇报	试用汇报 PPT	产品试用证明	项目立项材料
7	项目立项	项目立项报告 项目论证报告 项目技术指标	落实招投标事宜	项目报名材料
8	招投标	项目招标文件	招投标解读、是否投标，以及参与投标方式	项目投标文件
9	合同签订	项目中标通知书	合同文本	合同技术审核
10	项目交付	项目测试报告 项目验收报告	完成项目交付	项目验收材料

表 10-3 中，销售输出是作为同一阶段的售前输入的，所以售前和销售是紧密不可切割的。售前输出是作为下一阶段的销售输入，所以售前是指导销售开展具体工作方向的。

10.5　方案中项目管理思维

方案中项目管理思维主要包括时间维度、客户维度、竞争维度、合作维度、验收维度等。

1. 时间维度

每周定期组织一次内部会议，全面共享项目信息，解决售前内部人员信息孤岛问题。按照项目发展进程节点，按时提供相应的方案材料。

招投标前输出技术解决方案，招投标时输出投标文件，中标后输出项目实施方案。

2. 客户维度

从客户角度出发，协助客户完成项目上的工作。

主要输出有项目论证报告、立项申报、招投标等方案。

3. 竞争维度

研究项目中的竞争对手，并制定有针对性的战术和技术打法。

主要输出有竞争对手分析报告、技术解决方案、产品技术指标等。

4. 合作维度

做好合作伙伴、合作产品的引入与管理。

（1）引进来。

除目前所跟进项目外，拓展其他项目，积极参与公司新研产品的售前支撑工作。

（2）走出去。

加强对外沟通，健全外部发展合作环境，促进合作伙伴在公司发展中发挥更大作用。

主要输出有合作伙伴管理方案。

5. 验收维度

项目中标后，需要售前工程师草拟好项目合同条款并递交法务、财务等部门审核。待项目合同签订生效后，协助项目经理推动项目高质量发展，例如推动联调联试完成后进入项目测试、验收环节，加快项目回款进度。

主要输出有项目合同、软件需求规格说明、软件设计说明、软件测试计划、软件测试说明、软件用户手册等。

其中，为了避免项目合同内容反复来回修改，减少沟通时间成本，在编制、审核合同时一般需要注意以下几点。

（1）尽量在公司已有合同模板上编制，减少内部沟通成本。

（2）合同条款中权利与义务一般对甲乙双方都要均等，无须双标。

（3）如果合同中的某些条款来源于项目招标条款，比一般项目条款更苛刻，例如质量保证期为 5 年，与对方协商未果时，需要提前做好内部解释、沟通工作。

（4）当合同条款有变更时，做好变更协议补充即可。

第 11 章

关于方案的模板

鉴于本书篇幅有限，加之考虑有些资料可能还处于商业秘密保护期限内，作者特摘取了部分经过脱敏处理后的素材，作为方案模板，如表 11-1 所示，仅供读者学习与参考，切记不可用于商业用途。

表 11-1　关于方案的模板

序号	类别	模板名称		页数	可复用性	备注
1	市场类	××××年××参展方案		5	☆☆☆☆☆	
		再生能源安全宣传方案		1	☆☆☆	
		投标文件	中小型项目投标分工及工作进度安排	1	☆☆☆☆☆	
			大型项目投标分工及工作进度安排	3	☆☆☆☆☆	
			投标文件审核执行要求	1	☆☆☆☆☆	
			投标文件废标项检查	1	☆☆☆	
			投标文件检查	7	☆☆☆☆☆	
2	技术类	××区智能视频共享平台建设方案		5	☆☆☆☆	
		××市绿色城市轨道交通方案		7	☆☆☆☆☆	
		××市智慧环保大数据系统建设方案		3	☆☆☆☆☆	
3	实施类	××省教育厅会议系统项目实施方案		3	☆☆☆☆☆	
		××公司解决方案技能拉练赛活动方案		3	☆☆☆☆☆	
		××银行移动办公系统人脸识别登录 POC 测试方案		5	☆☆☆	
4	工具类	客户信息档案调研		1	☆☆☆☆☆	
		方案编制需求说明		1	☆☆☆☆☆	
		售前工程师话术模板		3	☆☆☆☆☆	
		售前方案支撑申请		1	☆☆☆☆☆	
		售前方案效果反馈		1	☆☆☆☆☆	
5	其他类	售前项目跟进报告		1	☆☆☆☆	
		知识库整体框架		1	☆☆☆☆	
		招投标评分细则		2	☆☆☆☆☆	

11.1　市场类方案模板

11.1.1　参展方案

××××年××参展方案

1. 展会背景

（1）展会名称。

（2）主办单位。

（3）承办单位。

（4）展会时间。

（5）展会地点。

（6）展会规模。

（7）展台位置。

（8）展台设计。

（9）其他。

2. 参展目标

（1）市场宣传。

①与展会主办方、承办方密切沟通与合作，做好本次参展工作。

②充分利用此次展会平台，宣传公司整体实力，体现出一个国内××龙头企业的应有的水准，更好地在××行业和××区域市场树立良好形象。

（2）展示新产品、新方案。

达到维系老客户、开发新客户，增强客户和代理商对公司信心的目的。

（3）收集信息。

①收集意向客户信息和需求，并及时跟进，为××××年后续市场开拓打下良好基础。

②收集和了解主要竞争对手市场动态及其产品信息等。

③增加与同行之间的了解，促进××项目的交流与合作。

3. 展前准备

（1）计划参展人员。

参展人员为计划参加展会的前台现场工作人员及后台配套工作人员，如表11-2所示。

表 11-2　计划参展人员

序号	部门	姓名	参 展 职 责	值守期间	其他
1			总体负责	全天	
2			样机准备和发货，产品、方案布展讲解及答疑	全天	
3			客户登记、后勤工作	全天	

续表

序号	部门	姓名	参 展 职 责	值守期间	其他
4			引导客户来展厅参观、了解产品	全天	
5			引导客户来展厅参观、了解产品	全天	
6			了解最新产品研发动态	全天	

备注:

①及时缴纳和支付会务费、其他杂费等。

②市场人员应提前通过公司自媒体如门户网站、公众号、H5页面发布公司参展信息,提前做好市场宣传,以吸引更多的目标访众,达到更好的参展效果。

③所有参展人员于展会所在省办事处,针对展会常见问题,经展前统一培训、统一对外言辞和回答。

④所有参展人员必须统一着装,建议外套黑色正装、工装衬衣、蓝色领带,佩戴胸卡(如有)。符合其他通用仪表行为规范和注意事项,体现出公司良好的精神面貌。

⑤展会期间,所有参展人员须在客户正式入场前30分钟到达各自所负责的展区并向负责人报到。杜绝擅自离开工作岗位行为,杜绝态度冷漠、聚坐闲聊、窃窃私语、玩手机、随意吃喝、抽烟等不雅行为和现象发生。

⑥销售经理需提前以邀请函、电话、短信方式通知各自所跟客户。向潜在客户发出邀请,紧密关注应邀客户和重点客户的观展动向。

⑦销售经理陪同重要客户一同参会时,所接待客户车辆、餐饮、住宿等如需要协助安排,须提前向本次参展负责人反馈并报备。

(2)计划参展展品。

参展展品为计划在展会上展览的产品,如表11-3所示。

表 11-3　计划参展展品

序号	产品名称	规格型号	数量	主要技术参数指标	备注
1					主推产品
2					特色产品
3					新品

备注:

①参展产品样机外观质量、系统软件质量均由测试部门负责把关。

②参展产品必须保证展会报到(至少)前1天到达会议场所,并完成参展产品的布展工作。

③建议配置自动化演示箱1套,可让顾客参与演示,直观的演示可刺激或强化客户的购买动机。

④自动化演示箱确保经过测试,保证能正常运行,方可发货去参展。

(3)计划参展方案。

计划参展方案包括参展方案名称、内容、数量、形态等,如表11-4所示。

表 11-4　计划参展方案

序号	方案名称	方案主要内容	数量	形态	备注
1				门形	
2				普通支架	

备注：

①方案内容须与各产品经理一一确认。

②参展易拉宝方案，必须保证在展会报道（至少）前 1 天到达会议场所，并完成易拉宝的布展工作。

③预防中途运输损耗，建议以 30% 比例配冗余门形展架或普通支架。

（4）其他准备工作。

①印有公司名字和 Logo 纸制拎袋 ××× 个、宣传手册 ××× 本。

②大行间距签到表 ×× 个、高级签字笔 ×× 支。

③邀请函等支持采用传真、电子邮件及纸质等方式。

④产品铭牌、广告条幅、名片盒等。

⑤饮用水、有纪念意义且实用的小礼品、×× 特色水果点心等。

4. 展时工作

（1）与主办方、承办方，保持紧密沟通，确保参展工作顺利进行。

（2）参展期间每天展前召开动员会，负责人布置当天的参展工作；晚会总结，负责人总结当天工作并规划第二天的工作。

（3）所有参展人员避免熬夜，须保持精神饱满状态接待客户。

（4）严格遵守顺序接待制度，杜绝接待过分热情，一窝蜂地冲上去，直接吓跑顾客。

（5）公司非讲解人员一般不建议长期滞留在展区。

（6）如遇到竞争对手来访，一定要严格保守公司相关机密。

（7）如果展会持续多天，则安排专人负责展品的保管工作，防止遗留遗失。

（8）遇突发事件如消防、断电、打架斗殴、难题等，要及时了解详情，并逐一向上级汇报，迅速启动应急方案。

5. 展后效果评估

（1）展后。

①做好撤展善后工作。剩余纸质资料，移交给当地办事处，样机发物流回公司。

②及时在公司网站及相关行业媒体、门户网站进行宣传报道。

（2）考核。

考核展示人员的工作绩效，进行分等级奖励或惩罚。

（3）总结。

①整理和分享展会通讯录、会议 PPT、会刊（如有）。

②统计本次展会客户到访情况，及其反应和意见。

③统计竞争对手参展情况。

④举办参展专项会议，分享现场录像、照片、竞争对手产品彩页等资料。

⑤共同探讨市场、产品、技术的发展趋势，及公司应对措施。

⑥讨论参展存在的问题并总结，为下一次参展做好准备。

（4）跟进。

①销售经理要及时（1周内）追踪、跟进相关客户。

②评估此次展会效果。

6. 展会预算

展会预算为本次参展预计所花费费用，如表11-5所示。

表11-5 展会预算

序号	项目类别	简　　介	数量	单价	总价
1	会务费				
2	住宿费	×××酒店			
3	交通费	高铁			
4	礼品				
5	招待费	客户招待费			
6	其他				

7. 参会日程安排

参会日程安排包括参会日期、参会期间工作安排、相应负责人等，如表11-6所示。

表11-6 参会日期安排

序号	日期	工作安排	实施人	负责人	备注
1		从长沙到达广州，联络展会主办方，收取快递，布置展台、易拉宝等			
2		缴纳会务费、确定展台位置			
3		展前动员、培训工作			
4		展台接待、客户签到			
5		展台技术讲解			
6		引导客户来展台			
7		撤展、发快递			
8		展会总结、评估			

11.1.2　宣传方案

下面举例说明。再生能源安全宣传方案如图11-1所示。

POWER SECURITY

再生能源安全
再生金属全生命周期监管解决方案

方案概述 / PROGRAM OVERVIEW

为积极响应和落实国家关于"碳达峰""碳中和"战略规划，探索人工智能赋能可再生金属循环与利用全生命周期管控，利用人工智能、物联网、大数据、区块链等先进技术，××智能打造集"智能边缘感知终端+一体化能力中台+智能再生金属云服务"于一体的、云边协同的再生金属回收与利用全生命周期智慧监管平台，贯通再生金属自助回收、智能评级、智能生产、金属贸易和精深加工全业务链路。

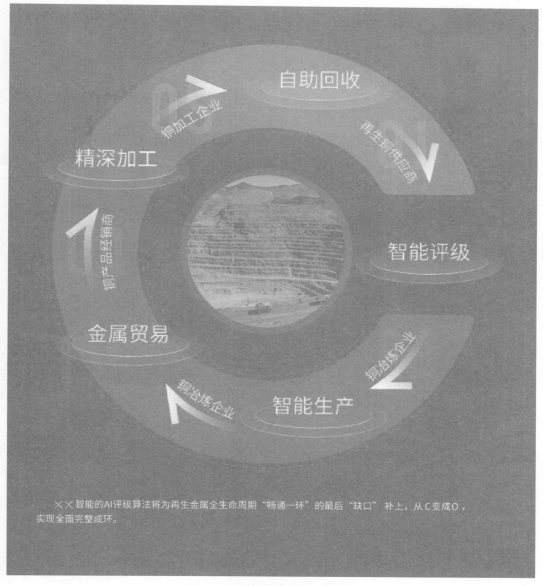

××智能的AI评级算法将为再生金属全生命周期"畅通一环"的最后"缺口"补上，从C变成O，实现全面完整成环。

图 11-1 再生能源安全宣传方案

11.1.3 投标文件

（1）中小型项目投标分工及工作进度安排如表 11-7 所示。

表 11-7　中小型项目投标分工及工作进度安排

序号	内容	责任人	参与人	完成时间
1	技术部分			
1.1	技术方案			
1.2	技术偏离表			
2	商务部分			
2.1	企业资质（含检察院无行贿证明等） 产品资质（含检测证明报告、授权函等） 人员资质（含授权委托人、社保等） 业绩证明（合同及发票等）			
2.2	投标保证金			
3	报价部分			
3.1	成本核算			
3.2	投标定价			
4	投标文件定稿			
4.1	初稿合稿			
4.2	完成审核、修正			
5	打印封装			
5.1	投标文件打印、盖章签字、刻盘			
5.2	投标文件上传电子投标平台（如需）			

（2）大型项目投标分工及工作进度安排如表 11-8 所示。

表 11-8 大型项目投标分工及工作进度安排

分类	分项		×× 日 T1	T2	T3	T4	T5	T6	T7	T8	T9	T10	责任部门	主要责任人	协助人员	完成情况	备注
领导小组	项目领导																
执行领导小组	执行领导																
总牵头	项目整体推进及把关																
项目组成立	成立项目组																
项目组成立	售前团队支撑启动																
投标主体	投标主体确定																
报名	报名所需材料（法定代表人身份证明、授权委托书、身份证、投标人营业执照）																
报名	购买招标文件																
投标文件解读	组织全体人员开会解读招标文件																
投标文件解读	商机评审结论																
产品询价	第三方产品或服务成本询价																
投标保证金	投标保证金复印件																
报价部分	核算项目成本及项目投标总价和分项报价																
投标文件编制	商务部分	开标一览表、分项价格表、商务偏离表															
投标文件编制	商务部分	投标资格的证明文件															
投标文件编制	商务部分	案例合同、验收报告、用户评价															
投标文件编制	商务部分	投标人实力															
投标文件编制	商务部分	售后服务方案															

续表

分类	分项	××日											责任部门	主要责任人	协助人员	完成情况	备注
		T1	T2	T3	T4	T5	T6	T7	T8	T9	T10					
技术部分	货物说明一览表																
	技术偏离表																
	投标货物符合招标文件规定的证明文件																
	技术方案																
	实施方案																
投标文件编制	资格证明文件																
	投标文件商务部分定稿																
	投标文件技术部分定稿																
	投标文件初稿合稿																
	投标文件第一稿会审																
	投标文件第二稿会审																
	投标文件第三稿会审																
	投标文件整体格式、关键废标项审核																
	投标文件打印、盖章、签字审核																
	投标文件正本审核、副本关键页面审核																
	投标文件电子版审核																
	投标文件封标审核																

（3）投标文件审核执行要求如表 11-9 所示。

表 11-9 投标文件审核执行要求

步骤	时间	首次审核	完成签字	二次审核	完成签字	三次审核	完成签字	表格执行人	备注
资格审查文件									
商务部分审核									
技术部分审核									
投标文件格式、废标项审核									
投标文件盖章、签字审核									
投标文件正本审核									
投标文件副本关键页审核									
投标文件电子版审核									
投标文件封标审核									
封存运输									

（4）投标文件废标项检查如表 11-10 所示。

表 11-10 投标文件废标项检查

序号	招标文件章节	废标项内容	责任人	打√确认	审核人	打√确认
1	投标邀请					
2	投标须知					
3	投标文件的组成					
4	招标文件前附表					
5	评标方法及标准					
6	…					

（5）投标文件检查如表 11-11 所示。

表 11-11　投标文件检查

序号	检查项目	检查内容及方法	确认	交叉检查人员 A	交叉检查人员 B	整改要求
1	投标文件封面					
1.1	格式	是否按照招标格式要求（格式、内容、时间、签字盖章等要求）	☐			
1.2	招标编号	是否与招标前附表中一致	☐			
1.3	招标项目名称	是否与招标前附表中一致	☐			
1.4	开标日期	是否与招标前附表中一致	☐			
1.5	正副本标示	注意投标文件要求的"正副本"标示位置，如"左上""右上"	☐			
1.6	公章盖印	是否与投标人名称一致	☐			
1.7	法人印章	或法人签字	☐			
1.8	投标人名称	是否与营业执照、资质证书、银行资信证明等证书一致	☐			
1.9	授权委托人签字	是否与授权委托书一致	☐			
2	投标文件目录					
2.1	评分索引表	指向正确，内容完整	☐			
2.2	目录	投标文件目录是否完整，内容和页码是否有更新	☐			
3	投标文件正文					
3.1	项目名称与编号	整篇投标文件中的项目名称与编号是否正确且无缺漏	☐			
3.2	开标日期时间	与招标前附表中一致	☐			
3.3	投标人名称	投标人名称是否与营业执照、资质证书、银行资信证明等证书一致	☐			
3.4	页眉页脚	公司名称、页脚位置，页码指向是否正确，有无重页，缺页或空白页，页码是否连续	☐			

续表

序号	检查项目	检查内容及方法	确认	交叉检查 人员 A	交叉检查 人员 B	整改 要求
3.5	投标文件的排版及分册	检查投标文件格式、字体、图片是否模糊歪斜，是否按招标文件要求编辑，页数过多是否需要分册，装订裁剪是否会影响内容	□			
3.6	投标文件的完整性	对照招标文件目录、采购需求、评分标准要求进行逐项检查	□			
3.7	投标内容	符合招标文件规定，关注带 ☆ 和 △ 标记的条目内容	□			
3.8	报价	注意货币单位和小数点要求	□			
		只能有一个有效报价	□			
		投标报价有没有大于最高投标限价，且纸质版、电子版、上传版报价金额应保持一致	□			
		预算符合招标文件预算的范围、数量、符合清单／预算编制的要求	□			
3.9	资质文件检查	所用资质与招标产品一致，资质文件顺序及完整性检查，有无复印不清楚或歪斜，检查证明材料是否在有效期内目齐全及盖章	□			
3.10	营业执照、财报、纳税证明、社保证明、三年无重大声明、信用中国等	有合格的营业执照，且经营范围与招标项目一致，财报、纳税证明、资质等符合法律法规和招标文件要求，特别关注对应年限、社保缴费月度等要求	□			
3.11	质保期	招标要求质保期及评分满分保质期年限	□			
3.12	交货期	招标要求交货期限	□			
3.13	工期	工期（进度）响应、权利义务响应符合招标文件要求，工期（关键节点）满足招标文件规定、关注到货、初验、终验等关键节点要求	□			
3.14	售后服务响应时间	如"2小时响应、4小时到达"等，符合招标文件内容及合同的规定，关注是否要明确答复和提供承诺函等信息	□			
3.15	投标有效期	与招标文件保持一致	□			
3.16	偏差表	有没有招标方不能接受的偏差内容，特别关注带 ☆ 和 △ ▲ 标记的条目的——响应内容；涉及评分的正偏离，需要着重体现，方便专家查阅	□			

续表

序号	检查项目	检查内容及方法	确认	交叉检查人员 A	交叉检查人员 B	整改要求
3.17	项目经理资格	满足法律法规及招标文件的要求	□			
3.18	项目业绩	满足招标文件要求，特别关注原件备等要求	□			
3.19	技术标准和要求	符合招标文件"技术标准和要求"规定，关注是否要明确答复和提供承诺函等信息	□			
3.20	其他否决条件	不存在法律法规和招标文件规定的其他否决其投标内容	□			
4	分项检查					
4.1	开标一览表	按照投标函的要求逐页检查是否响应、缺项漏项	□			
		投标函中投标金额大小写检查	□			
		单价与总价总金额是否正确，开标一览表和分项报价表总价是否一致及小数点位数要求	□			
4.2	授权委托书	是否满足招标文件要求、检查法人身份证、委托代理人身份证、授权时间及签字盖章等所有内容；授权开始时间早于开标时间（一般有效期为 1 年）	□			
4.3	投标保证金	投标保证金是否符合要求	□			
		银行回执、单子上有银行章	□			
		付款回单、公司财务章	□			
		招标机构收据，付款到招标机构开具收据	□			
4.4	商务部分	商务部分格式是否符合要求，逐页检查是否响应、缺项漏项	□			
		商务投标文件完整性检查	□			
		商务投标文件资质证书是否在有效期内	□			
		检查投标人员信息、证件、社保相对应情况	□			

续表

序号	检查项目	检查内容及方法	确认	交叉检查 人员 A	交叉检查 人员 B	整改要求
4.5	技术部分	按照技术部分格式是否符合要求，逐项检查是否响应，缺项漏项	□			
		技术偏离表是否逐条应并有明确的参数响应，特别关注带有 ☆ ★ 和 △ ▲ 标记的条目	□			
		技术方案是否完整	□			
		投标涉及产品资料是否完整	□			
		施工 / 运维 / 售后 / 培训方案	□			
		安全保障体系和措施	□			
		售后 / 施工进度计划	□			
		项目经理情况，主要技术负责人情况	□			
		产品保修与服务条款，是否要提供承诺函及具体售后响应要求	□			
4.6	电子投标文件	检查所需导入电子投标文件，测试多台不同计算机是否可以读取	□			
5	签字					
5.1	法定代表人印章	法定代表人印章检查	□			
5.2	法定代表人签字和授权代表签字检查	每页检查有无签字和盖章，签字是否正确，是否和授权人相符合	□			
5.3	投标函	未加盖单位公章或无法定代表人（或委托代理）签字	□			
5.4	其他投标文件	未加盖单位公章或无法定代表人（或委托代理）签字	□			
5.5	授权委托书	未附法定代表人授权委托书，未加盖单位公章和法定代表人签字	□			
5.6	投标专用章	关于具备同等效力的授权函等投标文件缺少投标专用章（盖公章）	□			
6	盖章					
6.1	逐页盖章	没有要求盖章逐页章的重要投标文件（资质）都要盖章	□			
6.2	指定位置盖章	报价、投标函、授权委托书等指定位置盖章	□			

续表

序号	检查项目	检查内容及方法	确认	交叉检查人员A	交叉检查人员B	整改要求
6.3	骑缝章	有无要求都盖章	□			
7	打印封装					
7.1	打印流程	是否先转换为PDF文件检查后再打印，是否提示打印店双面打印要注意页码排版，是否先检查正本再复印副本；是否写上正本和副本，投标文件要求是__正__副__份（电子版__份）	□			
7.2	签字、盖章检查	检查投标文件内需签字、盖章处是否签字、盖章	□			
7.3	密封封面	是否按照招标文件的要求填写，如项目编号与名称、投标人名称、启封日期时间等	□			
7.4	封装要求	封装方式，如正副本单独密封、商务技术单独密封、封条要求、授权委托人签字等	□			
7.5	封装包数检查	封装包数为__，是否按要求分装（正副本、报价、电子版是否分开封装）	□			
7.6	电子投标文件	U盘、光盘，Word（如2016版），PDF文件或盖章扫描件	□			
8	开标现场准备文件					
8.1	身份证明	是否携带委托人身份证原件及授权委托书原件	□			
8.2	二次报价表	是否携带多份已盖好章的多份空白报价表，应对多轮报价要求	□			
8.3	原件备查	招标文件要求备查的原件（或复印件盖章），提供《原件清单》	□			
8.4	演示宣讲文件	是否提前准备好演讲PPT，是否提前无足演练过等	□			
9	CA电子投标					
9.1	电子投标	是否提前模拟、加密、解密投标文件等验证过程投标文件	□	□		
9.2	CA证书	是否提前检查CA证书Key等设备运行情况	□	□		

11.2　技术类方案模板

11.2.1　视频监控方案

××区智能视频共享平台建设方案

1. 项目概述

（1）项目背景。

建设智能视频共享平台，实现"全域覆盖、全网共享、全时可用、全程可控"，是××区建设"智慧××"的重要组成部分。

（2）当前现状。

以下是现场实际调研情况，主要体现在以下几方面。

①视频点位建设现状。

视频点位建设由派出所提点位需求，区公安分局评估后统一上报市公安局，由市公安局具体审核分配。

派出所对于园区内部安防管理需求强烈，所辖区内注册有××××个园区，但是目前视频点位不足以全部覆盖，需在重点位置新增视频点位和高点相机，才可满足重点企业和园区的安防管理。

②视频汇聚共享现状。

派出所使用平台包括天眼一期、二期、三期，分别由不同厂家提供，多个平台同时并行使用。

平台管理按照市、区两级架构建设，派出所使用区分局分配账号，不具备对外共享能力，其他单位如需调阅视频，需到派出涉密室查看。

辖内部分摄像头还是模拟接口摄像头。

辖内最大园区因接入平台需要缴纳服务费以及园区涉密管理需要等诸多因素，未能接入平台能实现视频资源共享。

③视频承载网络现状。

视频监控平台部署在视频专网，租用的是中国联通的网络链路。

④视频数据治理现状。

派出所可通过视频监控平台制作视频预案，但无标签标注权限，同时也无法修改设备自带信息，视频标签由区公安分局负责标注。

⑤视频应用现状。

视频应用场景主要包括园区管理、重点场所管理、道路拥堵、共享单车管理等，但是目前视频点位覆盖不够。

派出所无标签标注权限，在实战应用时无法快速检索视频点位。

视频监控平台具备身份确认、同行人分析、车辆轨迹查询等功能，但功能实现简单，在套牌车分析、戴口罩识别等方面识别准确率低，无法覆盖全部应用场景。

平台部分服务使用时需手动唤醒，无法自动运行。

（3）问题总结。

根据对当前现状的调研，结合实战需求，现阶段主要存在以下问题。

①视频点位建设问题。

固定监控和移动监控资源不足。

现阶段固定点位、高点、移动点位及无人机资源不足，面对园区管理、实战指挥时无法做到合理应对，如发生突发状况时，现阶段视频资源是无法满足实战需求的。

非高清摄像机占比高。

非高清摄像机占比达到50%，不符合主流应用场景，亟须升级改造，满足实战需要。

②视频汇聚共享问题。

视频监控平台不统一。派出所查看视频需要从多个视频监控平台来回切换调阅，未实现统一平台资源汇聚。

视频资源无法对外共享。其他委办局（如城管）对于派出所的视频资源是有需求的，但是，由于派出所无对外共享通道，调阅视频时需到派出所现场涉密环境查看，影响办事效率。

视频点位接入未实现全面覆盖。派出所对于园区内部管理需求强烈，但园区及职工内部摄像头仍未接入，社会面视频点位未接入，无法形成有效视频资源池为派出所实战提供视频应用支撑，还需要进一步完善视频布局，实现全面视频点位接入。

③视频承载网络问题。

派出所反馈平台在使用时出现卡顿问题，影响视频调阅和应用。

④视频数据治理问题。

派出所申请建设的视频点位具有基础档案信息，但是派出所无场景标注权限，设备自带信息也无法修改，从而会导致基础档案信息正确性无法保证，在派出所日常视频调阅时无法快速检索视频点位。

⑤视频应用问题。

派出所视频应用场景多，包括园区管理、重点场所管理、道路拥堵、共享单车管理等，但是目前视频建设无法全面覆盖所有业务场景。

派出所无标签标注权限，在实战应用时无法快速检索视频。

视频监控平台智能化应用只提供身份确认、同行人分析、车辆轨迹查询等基础功能，且算法精度低，无法满足实战应用需要，且使用时需手动唤醒服务。

2. 需求分析

根据对以上调研情况的分析和总结，梳理出以下几方面的需求。

（1）视频点位建设需求。

①针对园区内部和职工宿舍区域现有视频无法覆盖的，新增高点监控及内部监控点位。

②对于非高清视频点位，建议改造成高清或智能监控点位，满足派出所基础视频调阅和实战应用。

（2）视频汇聚共享需求。

①统一视频监控平台。派出所查看视频需从多个视频监控平台来回切换调阅，未实现统一平台资源汇聚，实战应用时需多次切换操作，影响办事效率，建议视频调阅和实战应

用统一出口，建设视频统一汇聚平台。

②提供标准接口对外共享。由于派出所无对外共享通道，调阅视频时须到派出所现场涉密环境查看，影响办事效率，建议通过统一视频监控平台对外提供标准赋能接口，实现资源共享。

③视频点位全面接入。接入园区及职工内部摄像头、社会面视频点位等，形成有效视频资源池为派出所实战提供视频应用支撑。

（3）视频承载网络需求。

网络情况需进一步调研，确认是否为网络带宽问题或其他问题。

（4）视频数据治理需求。

基于视频资源基础信息档案，赋能派出所标签标注权限和设备自带信息修改权限，完成全量视频标签标注工作，并通过视频资源编目，形成统一的视频数据资源库，包括视频基础档案数据、视频业务数据、视频计算数据以及视频运维数据等视频全要素信息，使派出所在日常视频调阅时快速检索视频点位，快速开流，支撑一线实战应用。

（5）视频应用需求。

①梳理派出所应用场景及需求，丰富视频监控平台功能，满足派出所实战需要。

②为派出所提供标签标注权限，实现快速检索视频点位，提高实战应用效率。

③提供丰富的智能化应用算法，提高算法精度。

3. 解决方案

针对项目当前现状、问题总结及需求分析，提出以下解决措施。

（1）完善视频点位建设措施。

①辖区盲区点位补盲，包括固定监控、高点监控、移动监控、无人机监控等。

②对于非高清视频点位，改造成高清或智能监控点位，满足派出所基础视频调阅和实战应用。

③基于人工智能技术实现现有视频监控体系的多维效能评价，最大限度地发挥视频监控资源服务支持公安实战以及城市治理的能力。

（2）推进视频全量汇聚措施。

按照"应聚必聚、集中入网"原则，囊括空中、地面、移动、固定、自建、复接等各类视频监控资源的全量区域汇聚工作，通过对联网视频资源进行整合实现统一管理，统一调阅。

（3）提升视频承载网络措施。

由区公安分局主导，提升区视频承载网络，主要包括以下几方面：加固重要节点冗余、提高网络带宽、加强网络安全边界管理等，全面提升视频专网各方面能力。

（4）落实视频数据治理措施。

为了更好地支持实战，实现视频精准调阅和精细管理，建议按照《全国公安视频图像数据治理工作方案》要求，在分局层面完成视频数据治理，包括视频图像设备基础信息治理、图像数据治理、重点人员人像轨迹数据治理、视频流数据治理等，并对视频监控资源基础数据、业务场景标签数据、数据同步校验机制、视频点位状态数据、场景评估分析数据、点位综合评价数据的内容、定义以及数据采集、存储和分析等全周期管理要求提出明确规定，保障各层级数据规范的一致性。

（5）建立智能应用体系措施。

①打造算力算法中心。

考虑未来在派出所层面灵活部署算法，按需使用算力，切实赋能基层实战，建议打造全区算力算法中心，基于分布式视频计算框架，实现异构算法、异地算力的全资源统筹纳管，掌握视频计算资源底数，同时提供算力和算法的深度解耦，实现灵活的视频计算任务调度以及动态的计算任务编排能力。

通过提供标准的视频计算接口规范，构建可持续的计算生态底座，不断扩容算力和扩充视频算法，实现视频计算资源管理一体化。

②建设视频赋能总线。

为了完善视频的统一管理和统一赋能，建议全面整合视频能力，通过视频能力统一赋能出口，以标准赋能服务对园区管理、实战指挥相关系统提供视频能力。

同时，提供精细化视频能力赋能授权，授权的维度包括视频设备资源授权、服务资源授权、服务调用次数配额授权、调用数据量额度授权、服务调用时空范围授权等。

对于赋能用户的服务调用，支持统一的访问日志记录，并可访问日志的统计，进行赋能应用效能分析，实现视频能力调用以及赋能效能指标的量化呈现。

11.2.2　绿色建设方案

××市绿色城市轨道交通方案

1. 项目背景

2009年，××地铁建设元年，××市轨道交通集团在全国范围内率先提出"绿色地铁"的建设理念，提出打造绿色地铁，构建生态城市。2013年××市轨道交通集团研究编制《××市绿色城市轨道交通评价标准》和《××城市轨道交通绿色车站设计导则》并通过了专家评审，提出了绿色城市轨道交通评价指标及方法。

深圳市于2013年编制了《深圳市绿色城市轨道交通工程建设与运营评价标准》（评审稿），内蒙古包头市于2016年研究编制了《包头市绿色轨道交通实施方案》，上海市从2016年起联合国际团队研究编制全球轨道交通行业的绿色评价标准体系，2019年中国建筑节能协会发布《绿色城市轨道交通车站评价标准》。

绿色城市轨道交通，适应未来城市轨道交通的规模化和绿色化发展需求，将成为我国绿色标准体系的有益补充，对轨道交通的绿色化发展具有积极意义。

2. 建设目标

以"科学规划、合理布局""以人为本、绿色发展""绿色升级、提质增效"为基本原则，以智能安检系统建设为抓手，将"××轨道交通12号线"建成一条集智能化、绿色化、生态化于一体的绿色城市轨道，促进××市轨道交通建设健康发展。

3. 设计思路

始于理念、立于标准、成于设计、显于项目。

即践行绿色地铁发展理念，基于《T/CAMET 02001—2019绿色城市轨道交通车站评价标准》《××绿色城市轨道交通评价标准》《××城市轨道交通绿色车站设计导则》等行业标准，通过对智能安检系统的全生命周期进行绿色设计、绿色实施、绿色运营，将

"××轨道交通 12 号线"全线建成绿色地铁，达到节地、节能、节材、环保的目的，大大降低运营能耗需求。

下面将从城市轨道的绿色设计、绿色实施、绿色运营三个层次，针对"××轨道交通 12 号线"重点、难点问题，提出以下针对性的解决方案。

4. 绿色设计

分别从节地设计、节能设计、节材设计、环保设计四方面，详细描述针对"绿色轨道交通"所采取的绿色设计措施。

（1）节地设计。

城市轨道土地资源日趋紧张，因此在安检系统的设计过程中，一定要树立高度的使命感和责任感，积极采取科学的设计方法，因地制宜，合理布局，做好安检区域的选址与安检设备布局，最大限度地提高土地的利用率，达到节约用地的目的。

①科学选址。

安检区域选址是一项复杂性很强的工作，它涉及众多的旅客和安检员，因此在对安检区域进行选址时，需要对多种方案进行综合的分析和比较，选择综合效益最高的方案进行选址。

a. 树立长远的眼光。

一定要树立长远的眼光，不仅要考虑目前的布局设计，而且要关注安检的未来发展。

b. 利用地形。

一定要注意分析安检入口、出口及地址所在的地形地貌条件，然后最大化地利用地形地貌自然条件，合理规划安检区域的布局。

②合理布局。

一定要分别从安检工作程序、设备操作使用便利性等因素来综合考虑安检设备布局。

a. 严格控制设备的占地空间。

通过将智能判图仪设备内置于通道式 X 射线安全检查设备中，此一项预计可节约 $0.2m^3$ 空间。

阅读工作站显示终端配置 3 台 19″ LCD 显示器，通过采取嵌入式、一体化结构设计，此一项预计可节约 $0.3m^3$ 空间。

"一键报警"按钮嵌入安装到阅读工作站上，此项便于安检员进行操作。

b. 严格控制安检通道的占地空间。

将通过式测温金属门部署于人工安检通道中的手检台，可在减少一名测温人员所占据的立体空间的同时，增加旅客活动范围，此一项预计可节约 $0.5m^3$ 空间。

X 射线安全检查设备，因为安检系统同时支持集中判图模式和现场判图模式，不需要增加 X 射线安全检查设备履带长度，即可快速完成旅客的安检，此一项预计可节约 $1.8m^3$ 空间。

仅一处安检点，预计可节约土地用地 $1.8m^3$，整个工程共计 24 处安检点，预计将节约用地 $45.2m^3$，提高了对土地的综合利用，大大提升了空间综合经济效益。

（2）节能设计。

我国整体用能规模空前巨大，同时效率低、浪费大、节能潜力大，因此节能工作是落实科学发展观、缓解人口资源、缓解矛盾的重大举措，其意义重大，经济社会效益显著。

①差异化节能。

根据安检区域、集中判图室、NCC安防中心等区域用途不同，保持相匹配的室内热环境即可，实现差异化处理节能。

②设备节能。

采用绿色、节能环保型的安检设备，其中包括含《××政府采购目录》中的绿色、节能产品。

设计中尽可能选用国家批准的机电节能产品，选择能耗低、可靠性高的设备，以控制能耗，如电力电缆采用电能损耗小的铜芯电缆。

③运营节能。

首先，采取部署智能判图仪设备（分布式边缘计算）设计，降低智能判图服务器压力，让中心服务器等设备保持在一个相平稳状态下运行，保持稳定的用能供需，进而减少安检系统运营对用能的需求。

其次，集团、线网、车站、安检点管控一体化设计，减少旅客的安检时长（站点高峰客流通过速度平均提升60%～80%），进一步减少旅客在车站逗留时间，间接减少安检系统运营对用能的需求。

最后，为了节约用水、用电，在给水进口、电气线路入口及各设备进口处均考虑设置计量仪表。

（3）节材设计。

节材作为绿色城市轨道交通的一个主要评价指标，主要体现在设计、施工、运营等多阶段。

①对现有承载结构进行充分利用。

X射线安全检查设备，质量沉重对地面承载能力要求高，因此严格要求按规划设计进行科学部署，对现有的承载结构进行充分利用。

②减少关键部件的更换。

X射线安全检查设备，平均使用寿命10年以上，关键部件（包括射线发射器、探测晶体、滚筒电机等）无须定期更换。

③尽量减少辅材的使用、对现有材料进行再利用。

安检系统中资源和能源的消耗，相当一部分来源于材料的使用，尤其是光缆、电缆、线槽、排插等辅材的使用。生产、加工、运输这些辅材会消耗大量的原始资源，从而对环境造成不良的影响。

智能判图仪设备内置于X射线安全检查设备中，可对X射线安全检查设备现有材料（含空间）进行再利用。例如一台X射线安全检查设备预计可节约1m长网线1根，仅此一项全线预计可节约1m长网线24根。

④使用可再生相关的材料。

可再生相关的材料包括可再生资源生产的材料、本身可再生的材料和含有可再生成分的材料。如阅读工作站壳体、开包操作台等可采用阻燃环保可再生材料制作。

⑤废弃物可循环回收利用。

安检设备报废后，支持对这些废弃物加工回收利用，不仅可以减少向城市环境排放的废弃物数量，而且采用废弃物制造的材料成本一般远低于使用原始制造的材料，有效降低工程成本。

⑥使用本地材料。

安检系统优先使用××本地材料。一方面大幅降低材料的运输成本，同时减少材料在运输过程中对环境的影响；另一方面，受气候条件和自然环境的影响，非××的生产材料具有不同的物理化学性质，用其生产出来的材料在各项性能上也会有所差异，一般来讲，××本地安检材料更适用于本项目工程。

（4）环保设计。

环保设计指在城市轨道交通的全生命周期内，最大限度地节约资源，在实现高效、安全地运载乘客的同时，减少对环境的污染，为乘客提供舒适、健康、便捷的交通运输方式。

①设备环保。

X射线安全检查设备具有环保部门出具的辐射安全许可证、CE认证等；同时具有低辐射、低噪声的性能，且所提供爆炸物探测和液体探测无放射性源，能有效防止对环境的污染，保证周围人员的健康；X射线安全检查设备通道出入口采用铅帘对放射线进行屏蔽；铅帘外加保护膜，防止乘客手接触铅，避免铅污染。

液体检测仪设备采取无辐射设置对人体及被检物品均无害，检测方法环保、安全；使用非侵入式安全检查技术，无须打开包装即可实现液态物品安全检查；设备不受液态容器材料限制，能够对玻璃、塑料、陶瓷等容器中液态物品进行检测。

爆炸物探测仪设备取样时无须打开货物包装，无须试剂或需复杂的取样工具，可通过直接空气采样或擦拭方式，收集受检对象内部挥发或表面残留的炸药物成分进行检测；具有自动清洁功能，每次检测到炸药后能够快速自动清洁。

防爆球设备能够对爆炸冲击波、爆炸声响、爆炸碎片起到有效防护作用；具有过滤有毒气体、屏蔽无线电信号、屏蔽放射性物质的能力。

手持式金属探测器设备可对乘客身体进行非接触式检查，能够检测到隐藏的超过限定量的金属物品，并且不会对人体造成伤害。

其他设备在制造过程中均符合国家相关环境标志、符合国家有关电磁辐射标志，在设备安装和运行过程中，不对周边环境造成电磁、噪声污染，无任何污水和有害气体的排放。

②功耗环保。

通过部署智能判图仪设备，可辅助判图员对X光图像进行判图，大大降低了对X射线安全检查设备的功耗要求，如此一来普通中型X光机同样可实现大型X光机的安检效果。

③数量环保。

通过部署智能判图仪设备，可以大大提高安检通行效率。以××高铁西站智慧安检为例，站点原需配置19台安检机才能完全满足客流平稳通过，部署后，仅需7台智能通道即可完成满足峰值客流量。与传统人工安检相比，可节约2/3的X射线安全检查设备。

（5）其他设计。

在每个安检点区域，按需布置安检标示牌、软质客流引导带、硬质客流引导带、LED信息显示屏等绿色宣传设计，加大对绿色交通的展示和推广，全面推广绿色交通理念，促进××绿色城市轨道交通建设。

以上绿色设计及绿色宣传设计，可为旅客提供健康、高效、节约、人性化的轨道交通服务，预计将大幅提升"××轨道交通12号线"沿线居民乘坐地铁出行意愿。

5. 绿色实施

在施工中，加强对周围环境进行保护。由于施工产生的污染（如噪声、污水排放、废气和垃圾等）造成周围环境的破坏和影响，由公司负责解决。公司在施工前对周围建筑物和周边管线的现状进行调查，必要时需进行第三方（或权威部门）的鉴定监测，施工过程中需采取必要措施妥善保护周围建筑物和周边管线的安全。

（1）施工环保，符合国家现行的有关强制性标准的规定以及地铁管理部门根据地方政府的规定、要求所制定的规定。

（2）施工时，选用天然绿色环保材料，以减少空气污染。采用的原材料、预制品等符合国家现行技术标准规定，并有合格证和出厂说明书及检验、试验单。

（3）半成品加工在室外进行，如木材、夹板进场后，防火漆、防腐漆、防虫剂在室外进行；饰面夹板底油在室外刷涂加工，一方面加强对饰面修理保护，另一方面可减少成品在室内刷涂次数而造成对室内散发的气味。

（4）紧凑施工搭接，加快施工节奏，将木作、油漆等带气味的操作尽量合理安排施工时间，使气味挥发时间更充裕。

（5）对木材进行油漆操作时，做好通风工作，使空气流通，如打开门窗，加强人工通风对流，增加排气设施，加强排风及安排使气味排走的机械措施。

（6）整个施工过程中，与设计、监理、通信系统其他标段承包商等单位密切配合，及时反馈工程的安全、质量、进度和环境等方面情况。

6. 绿色运营

通过加强对城市绿色运营风险监管、风险预警、风险应急等精细化管理，全面开展绿色运营工作，进一步提升运营工作质效。

（1）加强城市轨道绿色运营风险监管，完善监测手段。

将安检系统接入相应的能耗监管系统，对重点区域、关键设施进行监控，加强城市轨道绿色运营风险监管能力，防患于未然。

（2）加强城市轨道绿色运营风险预警，强化管理手段。

健全管理制度，加强日常监管，强化绿色管理，严格落实各项绿色制度，建立完善的监测预警体系，加强城市轨道绿色运营风险预警。

（3）加强城市轨道绿色运营风险应急，提升应急指挥调度。

对城市轨道状况实施动态监控及预警预报，定期进行风险分析，建立集团、线网、站点、安检点应急联动体系，及时发布预警信息，落实防范和应急处置措施。

（4）加强城市轨道绿色运营辅助决策，填补数据空白。

对各项信息进行集成汇总、处理分析、评估判读，为领导决策提供辅助决策。

7. 预期成效

借助当前先进的物联网、云计算、大数据等技术，结合"绿色城市轨道交通"建设思想，利用当前有利契机，通过建设智能安检系统，提升地铁运营管理能力、加强安全生产监督、促进节能环保、改善乘车环境，实现轨道交通运营层次大幅提升、资源利用绿色高效、安全环保全面达标。

11.2.3　大数据系统方案

××市智慧环保大数据系统建设方案

为贯彻落实应急管理部关于印发《化工园区安全风险评估表》《化工园区安全整治提升"十有两禁"释义》的通知，经综合调研、系统谋划、反复论证，形成了我市环保工作信息化建设的实施方案，现将有关情况汇报如下。

1. 基本思路

按照"顶层设计、分步推进，整合资源、共建共享，互联互通、规范安全，服务企业、服务社会，创新引领、驱动发展，政府引导、市场主导"的基本原则，分期、逐步建设跨区域、跨部门、跨层级协同的××市级环保大数据系统，全面提高我市环保工作数字化、数智化、数治化水平。

2. 建设目标

通过搭建××市智慧环保大数据管理体系，实现我市环保工作"用数据决策、用数据管理、用数据创新"。具体包括"五个一"，即：环保申报一网通办、环保服务一码通享、环保底数一册尽览、环保态势一图尽知、环保工作情况一表尽有。

3. 建设内容

围绕建设目标，建设"1+1+1+1+3"内容，具体包括1个环保大数据资源汇聚底座、1个环保行业大数据、1个环保大数据中台、1个可信验证中台和3大环保大数据云应用。

（1）环保大数据资源汇聚底座。

充分利用现有信息资源和基础平台，夯实环保大数据资源汇聚底座，提供运行环境资源支撑。

（2）环保行业大数据。

①梳理和规划全市环保数据资源体系，包括环保数据标准与规范、环保数据资产目录等，形成市级环保数据资源模型，构建环保数据库，为全市环保工作提供基础数据支撑。

②构建环保数据资源汇聚平台，横向纵向打通环保相关的业务数据、第三方平台等数据渠道，通过抽取、转换、加载等手段，构建统一的数据采集工具，汇聚全市环保数据。横向主要包括环保、工商、城管、公安等部门数据，以及主要环保企业数据；纵向主要包括各区、县环保数据。

（3）环保大数据中台。

①环保大数据模型管理层：构建各类环保数据归集、处理与分析的共性模型或工具，并提供统一管理。

②环保大数据治理层：在环保数据资源底座基础上，根据环保业务工作与环保

服务工作需要，对海量环保数据进行清洗和规整，确保数据的正确性、一致性和规范性。

③环保大数据加工层：对经过治理的环保数据进行进一步加工、分析和管理，形成对应数据专题，不断沉淀环保大数据产品。

④环保大数据服务调用层：对各类环保数据处理与分析模型和环保数据资产接口进行统一封装，屏蔽底层数据细节，为上层业务应用提供高效服务，从而降低重复建设、减少烟囱式协作成本。

（4）可信验证中台。

利用区块链技术，对接环保、工商、城管、公安等权威机构，对环保数据进行比对和溯源认证；对异地存储备份数据进行防篡改认证。

（5）环保大数据云应用。

①一站式的云服务。汇集展示环保资讯、环保政策，提供各项环保业务办理的入口，通过网站、公众号、手机 APP 等各种方式实现，方便企业快速便捷地享受各项环保服务。

②一体化的云管理。为环保管理相关部门提供信息化办公支撑，保证各项环保业务网上运行。如环保企业认定、环保项目申报管理、环保考核评价、环保平台管理、工作站管理、环保特派员管理和环保培训管理等。

③一盘棋的云分析。便于各级领导及时掌握全市环保类资源的情况和底数，开展各类数据分析比对统计，形成可视化的图表，为统筹规划与决策提供信息支撑。

4. 建设步骤

坚持以终为始，加强设计论证，做到短期目标与长期目标相结合，有计划、有步骤地推进建设。

（1）开展可行性分析、系统规划、整体设计、项目报审等工作（×× 月底前完成）。

（2）完成一期项目招投标和建设：整合 ×× 已有的工作基础，建立基础工作平台，搭建网站、公众号和小程序（×× 月底前完成）。

（3）整合各区、各县、市直部门环保数据资源，建成有 ×× 特色的环保大数据平台（×××× 年 ×× 月底前完成）。

5. 建设保障

（1）组织领导。成立领导小组和工作专班，负责信息化建设的统筹部署；引进第三方机构和专家智库指导开展信息化建设；检查督促信息化建设实施情况；对建设工作的重大问题进行协商决策。

（2）制度建设。建立健全信息保密制度、信息安全制度、信息网络安全制度、区块链与数据备份制度等信息化管理制度。完善信息化培训制度，定期组织业务学习。

（3）资金保障。加大信息化建设的投入力度，从市级环保发展专项资金列支经费用于 ×× 市智慧环保大数据系统的设计规划、项目开发、维护管理等，规划、建设过程中注重整合区县、市局的建设资金。

备注：系统架构图可适当参考 5.3.1 系统架构设计中案例某城市数据安全系统 2.0。

11.3 实施类方案模板

11.3.1 ICT 项目实施方案

××省教育厅会议系统项目实施方案

1. 项目需求分析
   1.1 项目建设目标
   1.2 建设内容
   1.3 建设需求
       1.3.1 ××建设需求
       1.3.2 ××建设需求
2. 建设方案
   2.1 总体技术架构
   2.2 ××各子系统介绍
   2.3 工程质量的保证体系及措施
       2.3.1 质量控制标准
       2.3.2 质量控制原则
       2.3.3 质量保证体系
       2.3.4 质量控制过程
       2.3.5 质量保证措施
   2.4 信息安全保护措施
       2.4.1 信息安全保密管理制度
       2.4.2 用户信息安全管理制度
3. 安装与测试方案
   3.1 屏幕显示系统
       3.1.1 ××施工方法及工艺
       3.1.2 ××施工方法及工艺
   3.2 ××管理系统施工方法及工艺
       3.2.1 前期准备
       3.2.2 安装方法和步骤
       3.2.3 测试和调试方案
   3.3 视频会议系统
       3.3.1 前期准备
       3.3.2 安装方法和步骤
       3.3.3 测试和调试方案
   3.4 会议发言、扩声及集中控制系统
       3.4.1 前期准备
       3.4.2 安装方法和步骤

5.4.4 应急保障措施

5.5 主要设备厂商售后服务

6. 项目进度管理

7. 项目组织架构

8. 培训方案

8.1 培训目标

8.2 培训对象

8.3 培训方式

8.4 培训准备

8.5 培训安排

8.6 主要厂家培训计划

附件1 ××设备清单

根据项目实际情况，按以上目录填充内容即可。

11.3.2 方案竞赛实施方案

××公司解决方案技能拉练赛活动方案

1. 活动背景

1.1 活动主题

1.2 活动时间安排

1.3 活动地点

1.4 参加人员

1.5 活动目的

2. 活动内容

2.1 参赛队伍

2.2 拉练课题

2.3 时间安排

2.4 比赛权重分配

2.5 奖项设置

3. 活动安排

3.1 主持人

3.2 饮食安排

3.3 奖品制作

3.4 通知安排

3.5 摄影安排

4. 活动现场布置

5. 活动费用

6. 其他

  6.1 评委名单

  6.2 参赛人员名单

  6.3 主持人名单

  6.4 礼仪小姐名单

  6.5 评分表

根据活动实际情况，按以上目录填充内容即可。

下附"解决方案技能拉练赛"赛后总结发言稿。

尊重的各位领导、亲爱的各位同事：

  大家辛苦了！

  首先，非常感谢所有参赛选手为我们奉献了一场高质量的精彩比赛。短短的一天比赛时间里，每支参赛队伍虽然只有短短的三十分钟表演时间，但赛前，他们花了数十倍甚至数百倍的时间来认真准备。赛中他们全力以赴，非常积极努力地向我们呈现他们自己的技术和优势。赛后非常认真地听取评委老师们细致的点评，并总结自己的不足之处，来不断提升自己。

  他们所表现出来的方案解决技能，让我感到非常的震撼和满意。我深深地为××公司有他们这么一群年轻人而骄傲。

  在××总、××总的领导下，在兄弟部门的支持和帮助下，我们××公司一如既往地将所面临的压力转换为动力，坚持"项目为王"不动摇，发挥我们××所具备的团队、技术与服务的优势，加上5G网络的良好发展契机，从需求发力、供给侧发力、供需结合发力，抓对接服务，有信心、有决心、有能力服务好本省产业互联网项目签约与落地，确保超额完成全年项目业绩任务。

  过去虽然我们取得了一些成绩，但新技术是向前发展的，而且每一天都在变化，培育新人需要时间和耐心才能做出显著成效。我们要做的就是紧跟时代的步伐，让更多的年轻人通过比赛和训练成长起来。

  现在相信通过本次拉练赛比赛，实现"理论笔试"与"实践模拟"双管齐下，可加速新人培养与成长，使其认同公司的核心价值观、掌握合格任职技能，并使其成为能独立承担核心岗位职责的骨干员工，为公司构建专业和骨干人才梯队，满足创新业务支撑需求，优化人员结构，储备人力资源。

  将来把持续不断的赋能培训作为"一号工程"来抓，让更多的员工实现技能的提升。掀起全省上下一心、共同发展创新业务的决心与毅力的浪潮。抢抓历史发展机遇、争先创优。在全省形成"你追我赶、互帮互助"的浓厚学习氛围。

  最后，集团行业解决方案技能竞赛的战鼓已经擂响，本次赛后，我们将根据比赛过程中的表现，组建××省参赛代表队，不辜负公司领导对我们的殷切期望，争取在集团竞赛中取得优异成绩，交上一份满意的竞赛答卷。

  同时我希望我们××参赛团队能够卸下肩上的担子，将全部的压力转化为动力，努力训练，享受比赛带给我们的快乐。谢谢！

11.3.3 银行 POC 测试方案

××银行移动办公系统人脸识别登录 POC 测试方案

1. 测试需求

××银行员工总数为 5000 人左右，使用移动办公处理业务大约有 1000 人。现有办公系统使用传统账号+密码登录模式，如有特殊安全需要则采用配备物理 Key 进行登录的安全措施。此模式存在操作复杂、Key 携带不便以及易丢失、被盗取等问题，且并不能解决冒用身份登录进入办公系统的安全风险，只能做到物理身份认证，不能做到一对一的生物身份唯一认证。

如上所述，为解决办公系统的安全风险隐患，××银行计划使用可解决上述安全风险、能实现一对一的生物身份唯一认证的人脸识别技术，应用在内部办公系统。登录办公系统的人员，采用人脸识别系统进行身份强验证，识别通过后方能进入系统，遵从安全策略完成业务操作。测试架构拓扑示意图如图 11-2 所示。

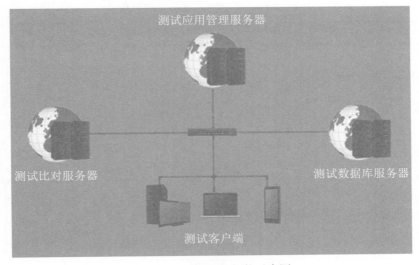

图 11-2 测试架构拓扑示意图

（1）建立人脸识别系统，包括建立人脸库、人脸比对系统和运维管理系统。

（2）系统应用在移动办公系统登录中。

（3）系统支持回退管理，如果在人脸识别过程中，超过三次识别不成功，可采用用户名+密码登录，不影响正常的移动办公业务。

（4）人脸识别系统支持 Android 和 iOS 系统。

2. 测试目的

本次测试需达到以下预期效果。

（1）验证人脸识别技术在移动办公应用中的需求符合度及适用性。

（2）验证××银行人脸识别技术处理能力。

（3）为实际上线使用提供可靠的方案支持。

（4）及时发现可能的问题并予以处理。

（5）明确双方在二次开发方面的技术对接要求。

3. 测试准备

（1）测试指标设定和测试方法准备。

双方参与测试人员对本次测试的指标设定和场景进行讨论，确认后进行测试，主要测试指标含义如下。

①认假率（FAR）＝将两个人错误判断为同一人的数量／比对数量，即指事实上非同一个体的特征被错误地通过匹配的概率，应用上一般定义上限。

②拒真率（FRR）＝将同一人错误判断为非同人的数量／比对数量，统计事实上同一个体的特征被错误地拒绝匹配的概率。

③准确率＝（正确判断同一人数量＋正确判断非同一人数量）／比对数量，统计一组测试数据中正确判断的比例。

④测试方法：根据测试指标，设定不同场景进行测试。

（2）硬件准备。

项目 POC 测试硬件准备如表 11-12 所示。

表 11-12　项目 POC 测试硬件准备

序号	类　别	详细配置	数量	备　注
1	测试比对服务器	略	1	部署人脸比对核心算法
2	测试应用管理服务器	略	1	部署 PC 人脸注册系统
3	测试数据库服务器	略	1	部署人脸库数据库
4	测试 PC 机	略	2	部署人脸注册系统客户端
5	测试智能手机	略	2	部署移动人脸识别 APP
6	网络交换机	略	1	接入××银行内部网络

（3）软件准备。

项目 POC 测试软件准备如表 11-13 所示。

表 11-13　项目 POC 测试软件准备

序号	类　别	详　细　配　置	数量	备　注
1	操作系统	CentOS 7.0 64（Linux）	3	服务器
2	数据库系统	DM 8.0	1	测试数据库服务器
3	应用程序	Tomcat 8.0、JDK 1.8	1	部署环境

4. 测试说明

（1）测试比对服务器安装说明如表 11-14 所示。

表 11-14　测试比对服务器安装说明

序号	测试项目	测试内容	测试步骤	测试结果	与预期结果
1	安装操作系统	登录 CentOS 7.0 操作系统	登录	是否成功登录操作系统	
2	安装人脸比对系统	完整安装人脸比对系统	通过 IE 访问 URL，进入测试页面	是否安装成功	

（2）测试应用管理服务器安装说明如表 11-15 所示。

表 11-15　测试应用管理服务器安装说明

序号	测试项目	测试内容	测试步骤	测试结果	与预期结果
1	安装操作系统	登录 CentOS 7.0 操作系统	登录	是否成功登录 CentOS 7.0 操作系统	
2	安装 Tomcat	完整安装 Tomcat	通过 IE 访问 URL，进入测试页面	是否安装成功	
3	部署人脸识别管理系统	完整安装人脸识别管理系统	通过 IE 访问 URL，进入测试页面	是否部署成功	

（3）测试数据库服务器安装说明如表 11-16 所示。

表 11-16　测试数据库服务器安装说明

序号	测试项目	测试内容	测试步骤	测试结果	与预期结果
1	安装操作系统	登录 CentOS 7.0 操作系统	登录	是否成功登录 CentOS 7.0 操作系统	
2	安装 DM 数据库	完整安装 DM 数据库	打开 DM 管理工具登录	是否安装成功	
3	导入数据库	导入样本数据库	打开 DM 管理工具登录，查看表	样本数据库是否导入成功	

（4）测试 PC 机人脸注册实现说明，如表 11-17 所示。

表 11-17　测试 PC 机人脸注册实现说明表

序号	测试项目	测试内容	测试步骤	测试结果	与预期结果
1	访问系统	通过 IE 访问系统	打开 IE→输入 URL	是否访问成功	
2	人脸库建立（人脸采集注册）	现场拍照或以文件形式提供照片	读取照片→查询数据库对应数据→拍照→人脸建模成功	验证是否读取照片	
		人脸跟踪		验证是否人脸跟踪	
		活体校验		验证是否活体校验	
		人脸抓拍		验证是否人脸抓拍	
		人脸保存		验证是否人脸保存	
3	人脸库管理	查看所有人脸图片	点击"人脸库管理"	验证是否能够查看所有注册人脸	

（5）测试智能手机人脸识别实现说明如表 11-18 所示。

表 11-18　测试智能手机人脸识别实现说明

序号	测试项目	测试内容	测试步骤	测试结果	与预期结果
1	安装 APP	启动 APP，进入 APP 界面	启动 APP	验证是否正常启动 APP	

续表

序号	测试项目	测试内容	测试步骤	测试结果	与预期结果
2	人脸登录认证	人脸跟踪	启动 APP→点击 "人脸登录"	验证是否人脸跟踪	
		活体校验		验证是否活体校验	
		人脸抓拍		验证是否人脸抓拍	
		人脸比对（1∶N）		验证是否人脸比对	

（6）人脸识别拒真率测试说明如表 11-19 所示。

表 11-19　人脸识别拒真率测试说明

序号	测试项目	测试内容	测试步骤	测试结果	与预期结果
1	活体检测	眨眼	循环"（5）2.人脸登录认证"测试所有步骤	拒真成功次数/总次数	
2	正常条件	可见光			
3	强光条件	模拟强光环境			
4	弱光条件	模拟弱光环境			
5	遮挡情况 1	用帽子遮挡测试			
6	遮挡情况 2	用眼镜遮挡测试			
7	遮挡情况 3	用围巾遮挡测试			

（7）人脸识别误识率测试说明如表 11-20 所示。

表 11-20　人脸识别误识率测试说明

序号	测试项目	测试内容	测试步骤	测试结果	与预期结果
1	活体检测	眨眼	循环"（5）2.人脸登录认证"测试所有步骤	误识成功次数/总次数	
2	正常条件	可见光			
3	强光条件	模拟强光环境			
4	弱光条件	模拟弱光环境			
5	遮挡情况 1	用帽子遮挡测试			
6	遮挡情况 2	用眼镜遮挡测试			
7	遮挡情况 3	用围巾遮挡测试			

5. 测试数据统计

可从照片录入记录、活体检测、正常条件、强光环境、弱光环境、遮挡情况（帽子）、遮挡情况（眼镜）、遮挡情况（围巾）等方面统计测试过程数据，如表 11-21 所示。

表 11-21　测试数据统计

序号	测试人员	是 否 通 过	备　　注

6. 测试总结

采用人脸识别系统可以为 ×× 银行业务建立一个先进的智慧平台，系统可运行在 PC 端或基于 Android 或 iOS 的定制终端上，可与身份证或银行卡等身份识别捆绑使用。支持离线式采集、验证，支持二次开发和功能定制以加强 ×× 银行各个业务系统用户强身份认证工作。

通过本次测试，可以得出 ×× 人脸识别系统完全满足 ×× 银行业务需求。

单　位：_____ 测试厂商：_____
代　表：_____ 测试人员：_____
日　期：_____ 测试日期：_____

11.4 工具类辅助模板

11.4.1 客户信息档案调研表

客户信息档案调研如表 11-22 所示。

表 11-22　客户信息档案调研

客户名称				所在城市		
客户情况简介						
主要负责人（要求每部门都需要拜访，建立一两位联系人）	姓名	所属部门	职务 / 职称	办公电话	手机	重要程度
竞争对手动态或产品的使用数量及使用状态与评价	厂家 1： 厂家 2： 厂家 3： 厂家 4： 厂家 5：					
目前客户主要关心的需求及需要解决的问题						
与客户方进行售前技术交流的时间计划及试用需求等						
下一步的工作计划及思路						

填表人：　　　　　所属部门：　　　　　联系电话：　　　　　填表日期：

11.4.2 方案编制需求说明表

方案编制需求说明如表 11-23 所示。

表 11-23 方案编制需求说明

填写人

客户名称		销售经理	

内 容

1. 编制背景

（1）客户名称？

（2）客户职位级别？

（3）方案编制目的？预期达到的效果？

2. 时间要求

（1）审稿时间要求？

（2）定稿时间要求？

3. 内容要求

（1）建议目录架构？

（2）重点描述内容？解决什么问题？

（3）篇幅页数要求？

4. 其他要求

5. 附录

（1）调研素材？

（2）参考素材？基础素材？

（3）其他素材如技术标准、政策依据等？

11.4.3 售前工程师话术模板

售前工程师话术模板如表 11-24 所示。

表 11-24 售前工程师话术模板

项目阶段	沟通要点	注意事项	沟通频次	示例（仅做参考，按需择用）
1. 意向期（项目意向期是指可能会有项目合作机会，但项目或合作方式尚未明确，处于项目开拓、挖掘阶段）	（1）表明身份，拉近距离	（1）意向期需要打持久战，在机会不明朗以前切忌过于频繁打扰，引起对方抵触情绪	一周 1 次微信问候，如未收到回复，可在次日电话跟进汇报一次	××处上午好，冒昧打扰您，我是××公司的××（视频对象选取适身份输出），上次跟对象选取适身份输出跟您进行了汇报。近期我们团队在××（地点）落地了一个案例，已经达成了××成效。结合目前的省市政策来看，我们在××板块可以发力，为您提供××解决方案，预期可以达成××成效。（如果对方表示婉拒，或表示明目前没有合作机会）××处，请教一下/请您指点一下目前局里在这块工作的后续计划或者领导的关注重点在哪些方面？您看什么时间方便，我再向您当面汇报请示
	（2）提出拜访背景、目的和契机（可结合近期政策、规划、指导文件，可帮他人"做作业、打高分"）			
	（3）简短介绍公司服务方向，抛出近期同类型成功案例			
	（4）强调工作亮点和收益（突出政绩、成绩、经济效益，强调我们能做什么、重在引导）	（2）争取面谈汇报机会"刷存在感"，但一定要做到有成果、有内容、有准备（公司宣传册、预期合作方向、案例引导等），做到"内外兼修"		
	（5）获取有效项目信息（合作信息、竞品信息、未来规划等），寻找业务突破口			
	（6）建立长效沟通机制（近期拜访、邀请来司参观、保持联系等）			

续表

项目阶段	沟通要点	注意事项	沟通频次	示例（仅做参考，按需择用）
2. 筹备期 （项目筹备期是指有合作机会、对方已表明/暗示将采购公司服务、处于客情维系、排查黑天鹅风险、确保项目签约落地的准备阶段）	（1）编制的项目方案要深调研、勤请示、精优化 （2）锁定甲方关键人员进行重点维护，及时沟通信息，防止竞争对手干预项目走向 （3）项目推进遇到人为阻力时，具体分析讨论，再请示领导，进行针对性攻破 （4）及时修订项目方案，修改后及时请示，请示的问题需明确、简要	（1）项目筹备期要"稳""准""狠"，把握每个关键节点进行工作成果输出，展现团队工作能力和工作风格，获得对方进一步认可，进一步加深对方信任 （2）加大汇报频率：一般事项微信请示，重要事项电话沟通，特级事项或者形成阶段性工作成果时争取面谈汇报沟通 （3）公司内部成立项目组，及时跟进项目招投标流程、采购流程，做好前期准备，以确保立项或中标后项目有序实施	一周2次以上微信联系，如未收到回复，可在当日电话跟进汇报或者当面汇报	××处上午好，关于××厅上次提到的项目××方面的问题，我们按照您意见进行了初步修改，主要通过××等几个技术手段/技术方案进行处理。请您帮忙把关，如有不妥之处还请您多多指点。或者您什么时候方便电话沟通，我再跟您电话详细汇报（当面汇报时可侧面打听招投标时间，目前有哪些公司加入了项目竞争，领导的倾向）
3. 实施期 （项目实施期是指项目已签约，以技术团队为主导进入落地建设阶段，处于解决项目具体问题、控制项目成本、保证实施成效的落地阶段）	（1）对项目实施过程中可能出现的难点、疑点、风险点及时提出协调，如公司层面无法协调的，应及时汇报请示甲方 （2）及时衔接甲方与技术团队的具体问题，从商务层面进行梳理、评估，尽量控制项目实施成本，做好甲方高成本关切等需求的沟通安抚，如无法判断的，可请示领导 （3）汇报项目进度和后期工作节点安排，需要甲方对哪些人员进行哪些方面的配合，请求支持	（1）尽可能精准、快速、全面地了解甲方需求并以书面形式响应和确认 （2）对内及时传达甲方需求，协调技术团队按照甲方需求进行沟通整改，或者提出降低成本的解决方案 （3）加大汇报频率，及时更新项目进度，一般事项微信请示，重要事项电话沟通，特大事项或形成阶段性工作成果时面谈汇报沟通	3～5个工作日进行一次集中汇报	××处上午好，目前本周项目实施已进入×××阶段（可发送一些实施进展现场照片），项目建设进度已达到××‰。后续我们将在××节点完成××，预计在××时间完成整体项目建设。为了达到……，我们在××阶段××方面可能还需××方面的一些支持配合，感谢您对项目的一些支持配合，我们可以跟您每周进行一次当面汇报请示，或者如果您方便的话，具体环节还需您把关请示还请帮我们多关注。

续表

项目阶段	沟通要点	注意事项	沟通频次	示例（仅做参考，按需选用）
4. 日常运营期（项目日常运营期是指项目已建设完成，以技术运维团队为主导的运营阶段，处于跟进项目问题、客户反馈，争取做出项目示范项目效应，发展客户进行转介的阶段）	（1）定期发送项目运营周报，询问使用反馈，发现问题及时安排整改	（1）维系好项目客户关系，切忌项目落地前联系紧密，落地后"不管不顾"，给客户留下不好的印象	一周一次微信联系，遇到实际问题尽快解决，若问题需及时给出整改方案，及时表达公司服务态度和售后担当	××处上午好，××项目已经正式运营××天了，我们以后会按周/月出具项目运营报告，帮助您了解系统运行情况，如使用有任何问题，请随时联系我们。 目前项目在××等方面得到了××（他的上级领导或者其他领导）的充分肯定，这得益于您对××的帮助与支持。 我们最近想找个时间当面汇报，××总想着最近哪天有时间方便，当面感谢，××总想邀请您吃个饭，以表尊重，宴请以当面邀请为佳，请求牵线引荐其他项目信息（宴请、宴请其他项目信息，请求牵线引荐等等）
	（2）日常客情维系，节假日一般小礼品问候，或者关注对方家庭构成，适时关怀维系，视好实际情况来定	（2）挖掘客户人脉圈层，引导其成为公司的信息源或者合伙人		
	（3）追踪客户上下级部门的可合作项目信息，同级其他行政区域的可合作信息，或者我方已有信息，该好项目奖金请客户引荐，该好项目奖金	（3）做好项目宣传、亮点挖掘，将项目作为客户的工作成果进行宣传造势，让客户认为"有面子、有亮点、有成就感"，同步扩大公司品牌影响力		
	（4）安排/协助安排媒体进行亮点挖掘，大力宣传，推动客户上级部门/横向部门进行参观调研			
5. 其他注意事项	（1）节假日期间微信祝福，如××公司××祝您…… （2）关注重点客户的社交动态、朋友圈爱好，适时互动，也可作为节假日礼物的切入点或者拉近双方关系的话题点。 （3）观察重点客户的办公室陈设、穿着、语速、籍贯，推断对方的性格，展开话题、拉近距离。 （4）在兴趣爱好方面多"请教"，多"分享"，多"夸赞"，增加沟通频次，取得对方好感。 （5）及时记录每次沟通内容，提取项目关键信息，内部定期组织项目分析会，帮助推动项目后期决策			

11.4.4 售前方案支持申请表

售前方案支持申请如表 11-25 所示。

表 11-25 售前方案支持申请

表单编号		申请时间	年　　月　　日	
申请区域		申请人姓名		
交流地点		联系电话		
交流开始时间	年　　月　　日	交流结束时间	年　　月　　日	
售前计划	□临时推广计划	□例行推广计划		
客户编号		客户名称		
项目背景	项目类别：			
	项目重点关注：			
	项目预估金额：　　　　万元			
	项目把握程度：　□试试看　　　　□有把握			
	项目补充说明（针对客户问题及需求、竞争对手情况）：			
支持形式	□正式 PPT 讲稿	□小范围座谈	□一对一单独交流	
	□系统演示	□技术方案提供	□其他	
交流目的	□技术引导	□客户投诉处理	□达成试用意向	
	□合同签订	□其他		
拜访部门	□检测站	□工程部	□信息部	
	□采购部	□营销部	□其他	
拜访人员	□技术人员	□技术负责人	□部门经理	
	□总工	□副总	□总经理	
需要装备	□样机	□产品宣传手册	□解决方案	
	□演示系统	□小礼品	□其他	
	样机详细需求说明：			
支持人员要求				
考核追踪要求	□是	□否		

11.4.5 售前方案效果反馈表

售前方案效果反馈如表 11-26 所示。

表 11-26 售前方案效果反馈

填写人

客户名称		销售经理	
出差地点			
出差日期	××××年××月××日—××××年××月××日		

内 容

1. 本次售前的目的，取得的效果

2. 项目背景（包括客户基本情况、项目规模等）

3. 项目目前的情况（包括同行人员、拜访对象、客户需求、客户关键人员、项目后续进展节点等）

4. 竞争对手情况（包括客户正在使用的产品品牌、数量、质量情况，正在跟进的竞争对手情况，客户对竞争对手的看法等）

5. 对该项目的后续推进思路（包括该项目是否值得跟进，跟进的级别为集团级别或办事处级别，重点攻关的对象、步骤及推进计划）

6. 销售经理反馈信息的真实性、本次售前支持的意义

11.5　其他类方案模板

11.5.1　售前项目跟进报告

售前项目跟进报告如表 11-27 所示。

表 11-27　售前项目跟进报告

项目名称				
反馈时间				
反馈人		姓名		联系方式

内　容

1. 客户对公司实力及产品认可度

□完全认可

□比较认可

□不认可

不认可的原因：_____

_____

2. 项目后续进展情况

□无进展，项目结项

□无进展，等待客户消息

□有进展，正在跟进

3. 后续工作开展计划及时间点（包括方案确定、样机测试、样机试挂、招标、签订合同等）

4. 项目预计完成时间及成果

11.5.2　售前知识库整体框架

售前知识库整体框架示意图如图 11-3 所示。

查看框架

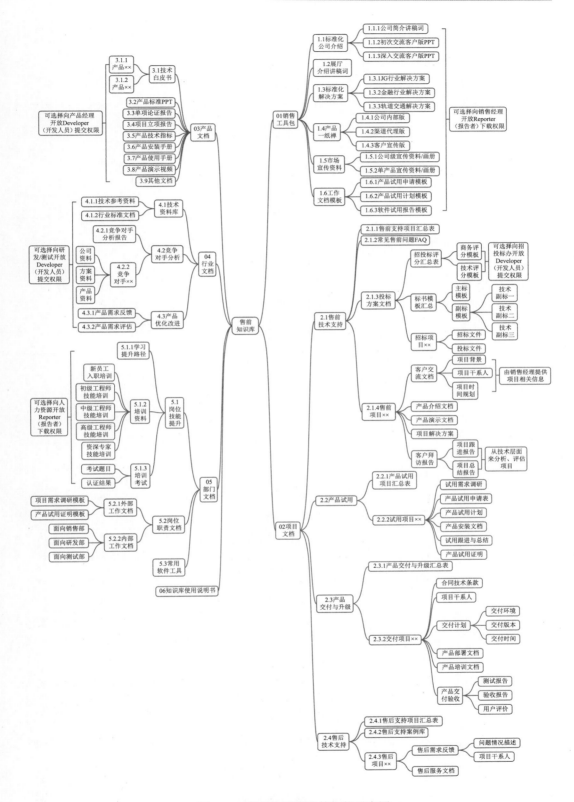

图 11-3　售前知识库整体框架示意图

11.5.3 招投标评分细则

招投标评分细则如表 11-28 所示。

表 11-28　招投标评分细则

类　别		评分内容	分值	评分标准	备注	评分说明
商务	人员资质	专家资质				
		项目经理资质				
		技术人员资质				
		技术人员项目经验				
	企业资质	公司资质				
		分公司资质				
		年度审计报告				
		行业标准及课题研究				
		荣誉资质				
		信用资质				
	产品资质	软件著作权				
		专利证书				
		检测报告				
		认证资质				
	项目业绩	业绩合同				
		验收报告				
技术	需求理解	横向对比各投标人对采购需求的理解程度，根据是否充分了解项目背景、建设目标与任务、重点和难点问题进行打分				
	总体设计	横向对比各投标人的总体设计方案，根据系统架构、网络拓扑、技术架构、部署架构、业务流程等内容是否具备较好的开放性、先进性进行打分				
	系统功能	横向对比各投标人各子系统功能设计合理性及贴合性，根据是否贴近招标文件"系统功能要求"中描述的功能进行打分				
	大数据	横向对比各投标人的大数据方案，根据数据资源体系，数据模型，数据关系，数据安全和存储、处理、传输、分析和搜索等内容的科学性、合理性、一致性进行打分				
	系统集成	横向对比各投标人的系统集成方案，根据是否兼容原有功能和数据的基础上做到优化升级，保障用户使用原有账户密码登录后，顺畅完成本期所有功能以及原有功能的操作进行打分				
	实施方案	横向对比各投标人的实施方案，根据实施计划、项目管理、测试方案、验收方案进行打分				
	售后方案	横向对比各投标人的售后方案，根据售后服务及维护方式、技术支持措施、售后服务承诺、售后服务响应时间进行打分				

类　　别		评分内容	分值	评分标准	备注	评分说明
演示	演示	横向对比各投标人演示平台的开放性、先进性、与原有系统的兼容性				
价格	价格公式	（略）一般是根据代理机构公司要求来				

备注：

（1）每一项评分规则可以来源于前期各个项目，同一类别可以有多条；后期可以根据具体项目中不同竞争对手的情况，进行灵活选用、复用。

（2）"备注"一栏用来说明该行评分规则情况，例如该资质证书等级为一级，用到具体哪个项目招投标中，或者标上不同底色进行区分；例如红色部分只是最初提供的素材，非正式采纳版本。

（3）评分说明主要用于和对方解释该资质的作用。以专家资质为例，可以用来判断该企业是否长期从事××领域的服务、是否有具备××服务的丰富经验的把关人；以CMMI为例，CMMI是专门针对软件产品质量管理和质量保证的标准，也是目前世界公认的衡量企业软件工程开发能力的评估标准。

（4）技术类别的评分规则首先要保障己方已有相应的材料，不能在项目招投标时临时去编制，特别是靠踩点得分的主观评审。

（5）演示可以是原型演示、PPT演示、实物演示等。

第 12 章

再见方案

众所周知，方案编制其实很辛苦，有的方案编制需要数人数月或者更多人力资源投入，而产出绩效通常只有数百万元，甚至几十万元，投入与产出严重不成正比。所以作者能够深深地感受到大家对某些方面的担忧、不确定和犹豫：方案编制任务完成后，是不是没剩余价值了，等待被优化？所以，在本书最后一章，作者认为很有必要跟大家分享一个问题：工作让你有成就感吗？一位上市公司总经理领导曾脱口而出说道："工作是责任感！"如果工作仅仅是为了那么点成就感，那么作者会关掉公司，让员工自谋出路去。

12.1　工作性质

售前工程师的工作性质，大多时候都是在编制方案，每一份方案每一章节都有很多工作要做，要做调研、要做统计、要做分析，其中调研工作经常遭遇到客户们的婉拒。就这样一张图一张表格地画，一个字一个句子地扣，一份方案一般要做几次乃至几十次的努力。必须不断地收集意见、完善更新方案。

工作很琐碎，但每一项任务都要求非常敬业、非常耐心、非常用心、非常能吃苦。每一份方案从目录构建到报价清单，需要做大量的工作。日复一日，不厌其烦，水滴石穿，不断努力。

12.2　工作回报

售前工程师的工作回报，尤其像编制方案是一个默默无闻的工作，不像销售经理做的是轰轰烈烈的工作。这儿没有高额提成，没有奇迹，没有什么花里胡哨的东西。这是一个脚踏实地、辛辛苦苦、老老实实的工作，一分耕耘一分收获的工作。项目成功了是方案的本分，项目失败了是方案的责任。

可能你几个月都感觉没有希望，但是成功的售前工程师却能领导团队实现上亿元甚至数十亿元的业绩并取得令人满意的回报。

前面说的可能会让你很失望，那么下面来说一点好消息。

（1）各大公司各个项目都有需要有专人去编制方案，目前已成为继管理、销售后的第三个常备岗位。

（2）项目由客户关系竞争朝着方案质量竞争的发展，未来成为继管理、销售后的第三个高薪岗位。

（3）绩效上会做的不如会写的，会写的不如会说的，方案编制技能用来汇报一份年终工作总结报告，每年评一个优秀员工简直不要太容易。

……

12.3 工作位置

售前工程师的工作位置，在大多数公司都处于不稳定状态。

每一位上班一族都应该时不时地悄悄问问自己：在现在公司找到了自己的位置吗？如果没有就危险了。

人是群居动物，是会受到周围环境影响的。太多的售前工程师和销售经理相处久了，向往着灯红酒绿、纸醉金迷的日子，渐渐忘记技术初心，转行去做销售经理的售前工程师比比皆是。

随着时代的发展，IT 项目对售前工作要求更高了。坚守售前岗位的人，应该从技术人员角色出发，不啃老本，继续提升技术技能，让售前工程师岗位不再游离在销售经理周围，而是彻彻底底回归到技术岗位工种。

12.4 工作态度

售前工程师的工作态度决定了一份方案的编制质量，决定了一个项目是成功还是失败，甚至决定了一个销售经理的去留。

如果令 $A\,B\,C\,D\,E\,F\,G\,H\,I\,J\,K\,L\,M\,N\,O\,P\,Q\,R\,S\,T\,U\,V\,W\,X\,Y\,Z$ 分别等于百分之 1 2 3 4 5 6 7 8 9 10 11 12 13 14 15 16 17 18 19 20 21 22 23 24 25 26，那么：

Hard Work（努力工作）：H+A+R+D+W+O+R+K =（8+1+18+4+23+15+18+11）% = 98%

Knowledge（知识）：K+N+O+W+L+E+D+G+E =（11+14+15+23+12+5+4+7+5）% = 96%

Love（爱情）：L+O+V+E =（12+15+22+5）% = 54%

Luck（好运）：L+U+C+K =（12+21+3+11）% = 47%

其实，这些我们通常认为重要的东西，但往往并不是最重要的。那么是什么才能使得生活变得圆满呢？

是 Money（金钱）吗？ M+O+N+E+Y =（13+15+14+5+25）% = 72%

答案：不是！

是 Leadership（领导能力）吗？ L+E+A+D+E+R+S+H+I+P =（12+5+1+4+5+18+19+8+9+16）% = 97%

答案：不是！

是 Relationship（关系）吗？ R+E+L+A+T+I+O+N+S+H+I+P =（18+5+12+1+20+9+15+14+19+8+9+16）% = 146%

答案：也不是！

那么到底是什么才能使生活变成 100% 的圆满呢？

其实，每个问题都有其解决之道，只要你把目光放得远一点！

Attitude（态度）：A+T+T+I+T+U+D+E =（1+20+20+9+20+21+4+5）% = 100%

12.5　工作选择

售前工程师的工作选择机会很多。既可以选择继续做售前，又可以选择转型做销售，还可以选择转型做项目经理或产品经理。

凡是已决定了的，就是对的。"即使决定是错的，那我们也可以通过执行来把事情做对，而不是再回头讨论。"——哥伦布

算法工程师小高最近的新动态是选择跳槽去了一家高校研究机构从事售前工作，下面是部分对话内容。

> G：你们售前工资这么高吗？感觉不可思议，比我现在可高多了。
>
> X：对方给你开了多少？
>
> G：张老师给我开的是22K+5K，22K是每个月固定薪资，5K是每个月的绩效奖金，具体根据每个人的工作产出表现及加班情况等综合在一起核发的。
>
> X：那你是要转售前了吗？
>
> G：我只是觉得售前工资高，还不确定。你们售前平时都做些什么工作？
>
> X：售前工作内容有些杂，常见有现场调研，做技术交流，编制技术方案、招投标、PPT等材料。如果企业规模较小，岗位职责没明确细分，那么售中的项目实施、售后服务可能也要负责。
>
> G：回忆一下，这些活我基本都干过。
>
> X：是的，在某智慧园区项目中，当时你作为项目经理，所承担的很多活和售前工程师干的活都是有重叠的。
>
> G：好像只有项目招投标没有参与过，不大会。
>
> X：高校科研机构主要做课题申报，算是另外一种形式的项目招投标吧。
>
> G：那我考虑转售前了。
>
> X：嗯，换岗要慎重，不然你之前积累的工作经验有一定的浪费，具体看你个人职业发展方向吧。当然售前岗位是特别欢迎你这种懂技术、懂项目管理的人才。
>
> G：是的，谢谢您。我考虑好了，我准备转售前了。

现在，既然你已经选择好了，就不要犹豫。冲锋号已经吹响，要做的只是始终带着冷静与理智往前冲，和我们一起打造属于IT售前工程的精彩和辉煌。

附录A 十二准则

高质量的方案是不会轻易得来的，它必须具有不可动摇的信念和纪律。所以，让我们在本书最后再次强调十二准则，如表 A-1 所示。

表 A-1 高质量方案编制的十二准则

序号	准则	解释
1	团队至高无上	合作是团队的生命线，除非你来自火星，她来自金星，否则，没有一个人能够不遵守现代人约法三章的工作方式
2	以领导的标准来要求自己	在团队中你的同事、你的客户都是你的领导，你的工作态度必须要超越他们，否则你将永远是他们批评的对象
3	响应是个人价值的最佳体现	个人价值体现在团队对你的需要程度上！所以每当上司发出倡议或团队成员寻求支援时，要在第一时间积极响应
4	工作做在前面	什么才算是敬业标准？就是你所做的事情是在别人之前，要知道，做在前面就可以去挑别人的刺，而不是等人来挑刺
5	主动就是效率	主动的人是最聪明的人，是团队中最好的伙伴，是人人都想要有的朋友。困难的时候能够帮助我们的，是主动而不是运气
6	计划、目标和时间	做事三要素：永远要有计划；永远要知道目标；永远不要忘了看时间
7	撸起袖子干活	不要臆想可怕的结果来吓唬自己或是吓唬别人，首要卷起袖子去干活，只有这样才知道结果是否真的很可怕
8	不要解释，要结果	解释意味着你想推卸责任，是毫无意义的，首先要做的是尽可能去改变结果。永远记住业绩会说话，成就会说话
9	沟通能消除一切障碍	如果你不想面对更大的麻烦，就不要怕沟通中的小麻烦，就要协调周围的一切。顺畅不会从天而降，它是沟通的结果
10	简单就是捷径	不要太夸张，不要虚张声势，更不要节外生枝。同样的一件事情，如果你能完成得比别人更简单，就是优秀的
11	做足一百分只是刚好达标	追求客户满意、追求完美服务是我们的工作标准。不要以为这是高要求，你能考一百分，也不过是刚完成任务而已
12	选择提升或出局离开	生存的第一要诀就是学习，学习，再学习。懒于学习的人实则是在选择落后，也就是在选择出局离开

后 记

历经三年多断断续续的煎熬与挣扎，本书终于成稿，算是了却一个心愿。于作者来说，这多少有点意外。最初写这些文字时，只是抱着分享给身边朋友和同事的心态——当然，作者希望本书的内容将来能印刷成册，可以分享给更多有需要的人。

为帮助新任项目经理小高完成某智慧园区综合解决方案，也是 IT 售前工程师最常见的工作任务，首先编写的是"第 5 章技术解决方案"。

后来在"BOSS 直聘"讨论区看到有位 13 年工作经验的 PHP 工程师马先生发帖问"是否愿意分享技术架构图？"有 200 多的浏览量，却只有寥寥无几的 3 人回帖，其中有 2 人回道："你觉得呢？我觉得没有随便就分享的吧？"。可见职场与学校大为不相同，首先有些资料信息可能会涉及商业秘密，再者懂得这一细分领域的老师真的很少，最后愿意讲授的老师可能更少，基于此补充了"5.3.3 技术架构设计"。

最近公司发生了一件趣事，有一位代理商每到中午饭点就跑来公司拜访，办公室同事私下都笑道"这代理商又蹭盒饭来了"，这才陆续编写"市场类方案"，包括"第 2 章市场分析报告""第 3 章市场营销方案""第 4 章市场宣传方案"等，也是期望能帮助销售经理能够鉴别出谁才是真正的优质代理商，迅速打开市场局面。

一次聚会，某集成公司销售王经理哭笑不得地讲述了跟他搭配的女售前工程师在编写项目投标文件时接连犯低级错误的惊人故事，一次是电子投标因商务资质文件是原件扫描件，非复印件盖公章的扫描件而被扣分，一次是技术标★号条款响应被判不满足而被废标。通常女售前工程师比男售前工程师更认真、更心细，按常理来说不应该发生的却发生了。虽说可能是年轻经验不足，但仔细分析发现，实则是项目投标组织管理失职，所以编写了"第 6 章项目投标文件"。

2022 年上半年兼任项目经理时，手下的研发工程师们实在不会编写文档，每次只能亲自编好一个模板，然后再让他们填充内容，不然工作无法推动下去，这才编写了"第 7 章项目交付方案"。在项目交付过程中，考虑研发工程师们与第三方沟通不顺畅，经常被客户投诉，又陆续编写了"第 8 章项目交流手册"。

2022 年底受到疫情管控影响，北京"健康宝"小程序弹窗，作为项目经理无法抵达现场给客户汇报方案。在汇报 PPT 完成的前提下，安排常驻项目现场的研发工程师去汇报，都不敢去。只好安排在北京出差的另一项目经理去汇报，他竟然也不敢去，所以又编写了"第 9 章关于方案的讲解"。

再后来，将以上内容进行合稿后，发给周边多位领导和同事进行试读，收集反馈意见。

有研发工程师提议能否从研发人员经历出发，讲讲怎么快速理解方案编制？所以参考研发工程师们所熟悉的软件开发模型，补充了"1.5.2 方案编制模型"。

有售前工程师提议希望能提供一些方案模板作为参考借鉴，所以补充了"第 11 章关于方案的模板"。

也有售前工程提到不想当将军的士兵不是好士兵，希望从售前管理者出发，提供一些管理经验和售前工程师职业发展作为参考，让售前工程师们少走弯路，所以又补充了"第 10 章关于方案的一些思考"章节和"第 12 章再见方案"。

还有售前工程师提议希望正文能正面回答序言中所提到的问题，所以又补充了内容描述，并正面回答了序言中所提到的两个问题。

最后，根据清华大学出版社黄老师从图书出版角度所给出的专业意见，进行补充完善，在此表示感谢，同时还要感谢以下人员。

感谢公司领导邓博士，感谢他提供这么好的一个平台，在这里有几位严厉老师的同时，还有一群非常可爱的小朋友们，他们为本书提供了丰富的素材。

感谢陈老师、刘老师，感谢两位博士生导师在平时工作中给予的谆谆教诲，推动方案编制工作呈理论化、标准化、体系化。

感谢洪同学、高同学、彭同学等，感谢在写作过程中，与他们的交流常常带给我有益的思路和灵感。

感谢我的家人们以及所有给予关心和提供帮助的人们，你们的温暖是我永远前进的动力！